ESTAR A CARGO
NO ES LO MISMO QUE
SER LÍDER DE EQUIPO

Miguel Ángel Peña

Reservados todos los derechos. No se permite la reproducción total o parcial de esta obra, ni su incorporación a un sistema informático, ni su transmisión en cualquier forma o por cualquier medio (electrónico, mecánico, fotocopia, grabación u otros) sin autorización previa y por escrito de los titulares del copyright. La infracción de dichos derechos puede constituir un delito contra la propiedad intelectual.

El contenido de esta obra es responsabilidad del autor y no refleja necesariamente las opiniones de la casa editora. Todos los textos e imágenes fueron proporcionados por el autor, quien es el único responsable sobre los derechos de los mismos.

Publicado por Ibukku, LLC
www.ibukku.com
Diseño y maquetación: Diana Patricia González J.
Diseño de portada: Ángel Flores Guerra B.
Copyright © 2023 Miguel Ángel Peña
ISBN Paperback: 978-1-68574-614-8
ISBN Hardcover: 978-1-68574-616-2
ISBN eBook: 978-1-68574-615-5

Índice

Agradecimientos	9
Presentación	11
¿Por qué escribir sobre el fracaso?	12
Sobre el autor	15
Capítulo 1	
Aceptar el riesgo de la posición gerencial	19
Capítulo 2	
La comunicación	25
Capítulo 3	
La resistencia al cambio	31
Capítulo 4	
Nuestras energías	39
Capítulo 5	
El verdadero liderazgo, cómo se mide	45
Capítulo 6	
Adaptabilidad a los procesos	55
Transición a los diecinueve años	57
Capítulo 7	
Debemos ser proactivos	81
Capítulo 8	
¿Existe algo más importante que la disciplina?	93
Capítulo 9	
La excelencia en los procesos	107
Liderazgo y coherencia en los objetivos	118
Gestión por procesos y hechos	119
Desarrollo e implicación de las personas	119
Proceso continuo de aprendizaje, innovación y mejora	119
Desarrollo de alianzas	120
Responsabilidad social de la organización	120

Capítulo 10
Saber cómo fracasar   123

Capítulo 11
Lo que no se aprende en el aula de clases   151
   ¿Cuándo empieza?   153
   ¿Conoce realmente su propósito de vida?   153
   ¿Creo en mi potencial?   154
   ¿Por qué nací?   154
   No hablar de más   160
   Tener prioridades   160
   Administrar el tiempo   161
   Trabajar las emociones   161
   Balance entre vida personal y laboral   162

Capítulo 12
Valores siempre por delante   179

Capítulo 13
La opinión de dos grandes líderes en estos tiempos   193
   Fandor Ojeda   193
   Nadeska Gallardo Licháa   194

Capítulo 14
Reflexión final   197

Referencias bibliográficas   199

Haga lo que tenga que hacer cuando lo tenga que hacer, tome acción y corra el riesgo.

MIGUEL ÁNGEL PEÑA

*Gracias a mis padres por lo que hicieron por mí;
a mi esposa y a mis hijos. Con mucho cariño, para ustedes.*

Agradecimientos

Expresar mi más sincero y profundo agradecimiento a todas aquellas personas que directa e indirectamente colaboraron inspirándome para escribir este libro, en el cual comparto vivencias y conocimientos de mucha relevancia que me han ayudado a liderar equipos de trabajo, en que he tenido que poner a prueba mis habilidades, implementar nuevas y quitarme los malos hábitos que no me dejaban avanzar.

Al licenciado Luis Manuel Rivera García, por su fuerte inspiración para empezar a desarrollar este proyecto de vida tan importante, como lo es escribir, y el gran apoyo que mantuvo durante el proceso. Mil gracias por su apoyo, maestro, fue de gran ayuda para mí cuando tenía dudas y no podía continuar.

Hoy me siento muy feliz porque por fin terminé este libro. Para mí ha sido un reto de mucho trabajo, disciplina, entrega y dedicación… Me siento contento por haber hecho esto, y afortunado por la oportunidad que me dio Dios para poderlo concluir y para disfrutar de este gran viaje de vida y de cuestión profesional.

También a mi querida esposa, Nadia Natalia Villarreal Vázquez; a mi hijo, Miguel Ángel Peña Villarreal; a mi hija, Paula Natalia Peña Villarreal; por la paciencia y apoyo constante durante el proceso y su incondicional apoyo. A mis padres, Olegario Peña y Blanca Ortega, por mi crianza, valores y fortaleza en mi vida para salir adelante en la vida y en lo laboral; por hacer de mí una gran persona ante lo negativo y las adversidades. A mis hermanos y familiares, por estar presentes en este gran proyecto.

Agradezco enormemente a mis mentores, los cuales han sido una fuente de inspiración bastante grande para que pueda seguir sin miedo y siempre al frente, sorteando situaciones negativas y positivas;

siempre han estado conmigo dándome esa gran gasolina que se llama conocimientos, brindando mucho apoyo, y han sido una pieza fundamental y crucial en el desarrollo de las organizaciones en que hemos estado: Lic. Estela Paz, Lic. Marisol de Portocarrero, Lic. Marina Topete, Lic. José Portocarrero, Lic. Thomas Jecklin, Rui Reis, Haim Outmezguine, Mr. Kunibert Lengger, Lic. Oscar González, Lic. Raúl Roque, Lic. Ricardo Verdayes, Lic. Michel Albahari, Lic. Ernesto Hernández, Lic. Pilar Jiménez, Lic. Saúl Montoya, Lic. Fabricio Frías, Lic. Nadeska Gallardo Licháa y Lic. Abraham Díaz.

A José Portocarrero, la persona con la cual empecé la hotelería en este gran país, México; representante del liderazgo en ese mundo tan grande y pequeño, al mismo tiempo, como lo es la gestión hotelera, quien me brindó las bases fundamentales para poder llegar y gestionar, con valores, grandes conocimientos y habilidades gerenciales. Mil gracias, querido amigo.

A mis colegas, compañeros de trabajo durante muchos años; amigos que han guardado esa confianza durante tanto tiempo en nuestras trayectorias y me han brindado inspiración para ser mejor persona todos los días.

A mis maestros, los cuales admiro y respeto por su labor diaria, porque se llenaban de paciencia y amor para escribir en el pizarrón aquellas lecciones de estudio que muchos no entendíamos a la primera, pero que con mucha dedicación repetían una y otra vez hasta que nos enseñaban. Por siempre, hasta el día final de mi vida, estaré bastante agradecido.

No podemos tener una actitud de amor sin ser agradecidos por ello.

Presentación

Todas las personas que hemos estado a cargo de equipos de trabajo durante muchos años sabemos que el liderazgo no se aprende en un aula de clases, sino que se necesita trabajar mucho en nosotros mismos y debemos empezar por una reingeniería personal para en realidad liderar y dar los resultados deseados en la organización a la cual representamos o de la que somos dueños.

En esta presentación referiremos la importancia que se requiere para el manejo de colaboradores y llegar a ser un gran líder de equipo. Usted encontrará la información sobre cómo hacerlo sin tomar atajos, trucos, fórmulas o de modo gratis, palabras muy de moda en estos tiempos. En el primer capítulo se hablará de cuestiones que muchos no queremos aplicar por miedo, pero está escrito por alguien que pasó por él y pudo llegar y permanecer; una historia que verdaderamente lo ayudará a entrar de lleno al mundo del liderazgo.

Esta historia personal y laboral resulta una inspiración para alcanzar el verdadero liderazgo que se necesita para estar al frente de equipos de trabajo. Por primera vez tomo la decisión de escribir y exponer lo que a mí me ha funcionado durante muchos años; compartirlo para que usted no pase por esos obstáculos tan grandes que existen en este cometido, los cuales llamo edificios de cien metros de alto, de trabajar con seres humanos.

Me di la oportunidad de quitarme de la mente el poder de las excusas, las cuales nos paralizan. Muchas veces nos queremos convertir de una u otra forma en personas que hacen el bien a los demás, pero siempre hay un pretexto para no avanzar, aunque no sea válido, y evitamos constantemente nuestras responsabilidades. Comparto algunas de las excusas más comunes del ser humano:

- Estoy demasiado viejo.

- No me gusta tratar con las personas.
- Me da miedo ser un líder de equipo; es muy arriesgado.
- Requiere mucha labor construir un equipo de trabajo.
- No consigo a nadie que quiera crecer conmigo.
- No tengo tiempo.
- No soy suficientemente inteligente.
- No me lo merezco.
- No soy capaz de hacerlo.

Sólo nueve excusas que nos separan del liderazgo laboral y personal de una forma catastrófica; el poder de estas es más grande que el de nuestros objetivos y metas.

En este libro también aprenderá acerca de los valores que realmente debe tener y aplicar de una forma cooperativa y espiritual. El liderazgo competitivo es por el cual trabajamos la mayoría de las personas; por lo general, competimos por empleos, ascensos, aumentos de sueldo. Sin embargo, el verdadero liderazgo se consigue teniendo una excelente actitud con sus compañeros de trabajo, en vez de competir con ellos. También descubrirá de qué manera y sin trampas es posible desarrollar habilidades simplemente trabajando con usted mismo primero, para después influir en otras personas y guiarlas. El liderazgo, en realidad, es un viaje que no tiene fin; por lo tanto, se trabaja todos los días, en donde esté y cómo esté. Aunque sabemos que hay muchas personas que son oportunistas, sin valores, que trabajan sólo por estatus, existen otras que construyen equipos con una misión fuerte de formar a otros líderes, las cuales son las mejores de todos.

¿Por qué escribir sobre el fracaso?

Digamos que fracasar es la palabra que con más frecuencia nos perturba cuando queremos emprender lo que queremos; nos paraliza, lo cual resulta sumamente delicado. Veremos en estas páginas por qué muchas personas no se convierten en líderes o en emprendedores; espero ayudarle a que tome la decisión de hacer lo que deba hacer cuando lo tenga que hacer y que se convierta en el líder que desea ser.

Mi objetivo es proporcionarle comprensión del mundo real de las organizaciones, los altibajos que surgen en el proceso del liderazgo. Es importante escribir sobre el fracaso porque los seres humanos aprendemos de los errores, nada más y nada menos. Si alguien no está de acuerdo con esto, encontrará un *e-mail* en este libro al cual me pueden escribir para interactuar de forma directa. Aprendemos cayéndonos primero, y luego intentándolo de nuevo; como cuando empezamos a andar en bicicleta, con las llantitas que nos ayudan a sostenernos. ¡Es lo mismo, cierto! Si nunca nos hubiéramos arriesgado a caer, andaríamos por la vida sin poder caminar, arrastrándonos.

He consultado en muchos libros de escritores, profesores, académicos universitarios de varios países cómo tener una relación con el fracaso, el cual debe estar presente cuando emprendemos cualquier proyecto y las cosas no salen bien. Siempre tendremos que entrenarnos para asumir cualquier reto, y esto significa que requerimos actualizarnos, innovar, escuchar a los demás, trabajar en equipo, colaborar con personas distintas a nosotros para que se concreten los buenos resultados.

Hace muchos años me invitaron a dar una charla en una universidad a estudiantes de Hotelería, para la cual me dijeron que contara un poco mi historia y qué había hecho para llegar a dirigir personas en las organizaciones. Empecé hablando de mis fracasos, y todos me miraban de una forma bastante extraña; eran muchos alumnos y maestros, quienes esperaban que les hablara de algo diferente. Seguí con la charla, comentando todo lo que aprendí de mis errores. Hablé a la audiencia, unos interesados, otros con sueño, de los miedos que todos sentimos al iniciar un proyecto y de cómo los enfrenté. Compartí con ellos algunos de los errores más estúpidos que cometí y el modo en que más adelante se convirtieron en valiosas lecciones que nunca hubiera aprendido de no haber pasado por ellos.

También me referí al dolor de tener que terminar algún proyecto y dejar a tantas personas por mi incompetencia. Aseguré que todos mis errores, al final, me hicieron una mejor persona, millonaria de mente a la hora de tomar decisiones. En resumen, fue una charla muy objetiva y realista sobre el proceso de convertirnos en líderes. Muchas semanas después, una persona de mucha confianza en esa universidad me dijo: "Miguel, quiero decirte algo que me pasó, mi rector me llamó a la oficina y me comentó que no volviera a invitar más a nuestra institución a esa empresa y a esa persona [o sea, yo], porque nosotros no podemos exponer a nuestros alumnos a que les hablen de fracasos estúpidos".

No me sentí mal, pero entendí que el ser humano no madura por el hecho de que tengamos mucha edad, títulos o estatus. Siempre háblenle a sus colaboradores cuando algo sale mal no a manera de castigo ni apuntando, sino de qué fue lo que pasó y qué dejaron de hacer. También a su familia, en sus hogares.

El presente libro, en el cual encontrará los pasos para aprender todos los movimientos que debe llevar a cabo para convertirse en el líder que desea ser o mantenerse, si ya lo es, se presenta organizado de esta manera: tratado sobre experiencias reales desde muy temprana edad, fundamentos y prácticas. Luego: cómo mantener su mente activa y consejos de triunfadores. Por último: cómo iniciarse en el mundo de las organizaciones y empezar desde abajo, desde el primer puesto que le den y llevarlo a lo más alto. Recuerde que no importa a lo que se dedique, liderazgo, empresario, psicólogo, mentor de equipos, *coach*, deportes, comerciante, maestro, contador, piloto, doctor, abogado, director de una empresa, arquitecto, ingeniero o, simplemente, emprender algo nuevo. Usted tiene en sus manos una obra que le podrá ayudar mucho a llegar adonde desee.

Sobre el autor

Nací en un hogar con tres hermanos; mis padres, los cuales nos criaron bajo la rutina y hábitos del comercio, tenían negocios muy sólidos y cada día iban creciendo de manera rápida y acelerada, ya que los dos habían vivido desde muy pequeños en ese mundo, en el cual estuve sumergido desde muy temprana edad. A los cinco años empecé a ir al negocio de mi padre, donde tenía mucho espacio para jugar, hacer tareas, más amigos y poder disfrutar. Así hasta que tuve veintidós años, cuando me gradué de Hotel Business & Hospitality Service y de Hotel Administration Management, mis títulos universitarios.

A partir de esa época, mi vida empezó a adquirir nuevos derroteros, los cuales desconocía, sobre todo en lo personal; trabajar en grandes corporativos hoteleros y pertenecer a esa élite de aprendizaje fue fabuloso, conocer a tantas personas, nacionalidades, idiomas, culturas, costumbres, alimentos, bebidas únicas y sobre todo hábitos que en mi vida había pensado adquirir, desarrollar o aplicar en mi mundo. Sin duda, estos empezaron a definir mi vida poco a poco, y los cuales comparto: compromiso conmigo mismo, disciplina, constancia, persistencia y evitar los malos pensamientos en mi mente. Dichos hábitos me acompañaron todos los días de mi vida hasta que me formé como gerente general de un hotel, lo cual era un objetivo personal muy importante desde el primer día que salí de la universidad. Los pretextos, posponer y aplicar la ley del menor esfuerzo y jugar el rol de víctima sabía que me iban a condenar al fracaso, así que debía aplicarme (sentía que la gran diferencia era lo que hacía y aprendía a diario).

Fui creciendo en el mundo laboral con mi padre, pues mi madre y él decidieron divorciarse; y yo, todavía de corta edad, opté por quedarme con mi papá, persona a quien yo veía desde muy pequeño como mi dios eterno y maestro de vida. Al principio de su separación no me daba cuenta de la ausencia de mi madre y de mis hermanos, ya que en el lugar (trabajo de mi papá) tenía prácticamente todo: una bicicleta, patineta, libros, cuarto para dormir; ahí hacía las tareas. Mis amigos y algunos primos me visitaban y organizábamos tertulias una vez que terminábamos nuestras labores escolares. Confieso que muchas de estas las hacía muy rápido y sin orden para irme a jugar con otros amigos vecinos que también tenían bicicleta para irnos a rodar, como se dice comúnmente en el mundo del ciclismo, deporte que a la fecha todavía sigo practicando con mucho conocimiento y preparación, pues se convirtió en mi disciplina deportiva favorita. Alterno a esto, siempre he ido al gimnasio para mantenerme en forma.

Desde los inicios de mi primer trabajo en el negocio de mi padre tuve que hacerme la idea de que yo debía darles órdenes a todos sus colaboradores cuando él no estaba, o incluso en su presencia, pero de la mejor manera, sin que él sintiera rudeza en estas o que fueran palabras sin fuerza o de novato, como segundo al mando de su propio negocio. A muy temprana edad pude ver cómo mi padre lideraba a sus trabajadores por medio de un conjunto de habilidades a la hora de mostrar iniciativa, de ser innovador, tener capacidad de análisis para definir estrategias que lo ayudaban a aumentar las ventas y a gestionar de manera eficiente el trabajo de equipo, aprovechando siempre sus fortalezas al máximo.

Estar a cargo no es lo mismo que ser líder de equipo

Capítulo 1
Aceptar el riesgo de la posición gerencial

[Antes de esto debemos saber cómo vender, administrar y cómo va a funcionar la logística de lo que hacemos, sin importar a lo que nos dediquemos]

Cuando nos estamos desarrollando como líderes de grupo, nunca llegamos a pensar qué es lo que debemos hacer para ser lo más eficaz posible ante ese nuevo grupo, al cual no tenemos ni idea de cómo empezar a trabajar y delegar tareas, cuestión que no es fácil de hacer, ya que delegar tiene atrás unos cuantos componentes, por ejemplo, mucho conocimiento del lugar, logística operacional, administrativa y ventas. Lo que sea a lo que se dedique tendrá que usar estos componentes sí o sí.

¿Las personas que tomamos riesgos tenemos miedo? Así es en realidad. En otras palabras, cuantos más errores cometamos, más cerca estaremos de esa autocapacitación posible… debemos pensar siempre y cuando los errores no nos lleven a un entierro, pues así podemos seguir adelante generando ideas y autoconocimiento. Por lo tanto, parece que no hay que evitar los errores no fatales. De hecho, quienes queremos concretar nuestro máximo potencial tendríamos que cometerlos; esto lo diría un gran líder que ha pasado por muchos procesos desde sus inicios, porque estoy seguro de que ellos y yo hemos cometido muchos errores también en la vida. Cometemos errores y, como todos los líderes, mánagers, debemos aceptar los riesgos y unirnos a ellos. Considero que el riesgo es un requisito básico para lograr lo que deseamos en la vida, lo cual no es sólo para obtener ganancias financieras, materiales, sino también para potenciar el crecimiento como seres humanos, primero, y después como líderes.

El gran Jean Paul Getty, nacido en Minneapolis, Minnesota, en una familia petrolera, fue uno de los primeros en el mundo con una fortuna superior a los mil millones de dólares en 1916, quien bien escribió en su momento: "Hay personas que buscan seguridad por cada persona dispuesta a arriesgar. En mi mundo yo lo veo de esta forma". El éxito para mí significa tener acceso a las oportunidades, y esas oportunidades nos las damos nosotros mismos cuando perdemos el miedo y nos arriesgamos a hacer lo que debemos cuando tenemos que hacerlo; este es el tipo de enfoque proactivo que debemos desarrollar los líderes. Cuando deba afrontar una situación riesgosa, no sienta que debe ser aventurero; sin embargo, si existe una oportunidad probable de éxito, entrénese, practique, no pierda tiempo para concentrarse en ese resultado, en vez de prepararse para el fracaso. Muchas veces las personas se la pasan invirtiendo energía preocupándose por situaciones que jamás van a pasar. Esto es una pérdida de tiempo y de energía.

Correr riesgos es como poner una bala en un revólver, mover el cilindro y luego disparar; será algo totalmente incierto. En este caso, hagámonos una pregunta: ¿cuán dispuestos estamos a tolerar el riesgo? Es un cuestionamiento bastante difícil, pero la respuesta nos hará caminar por donde realmente queremos, pero tenemos miedo. Si es así, tendríamos que hacer otra pregunta: ¿estamos dispuestos a tolerar algún riesgo?, y por desgracia la respuesta de miles de individuos es: "Yo no", pues se encuentran en su área de confort y les asusta mucho salir de esta.

Refiero un ejemplo de la evaluación del riesgo y sobre los riesgos de no correr riesgos. Durante muchos años una empresa no nos capacitó (al personal) y mantuvo a los mismos ejecutivos en sus puestos, aunque había un departamento de capacitación (que nunca se vio). Al pasar de los años entró una persona con el puesto de gerente de Calidad, y otra con el de gerente de Capacitación, lo cual generó muchas expectativas y esperanzas a la empresa, pero nunca recibimos capacitación por parte de este departamento, y los colaboradores decían: "Aquí siempre lo hemos hecho así; si lo hacemos de otra forma, no está bien" y te miraban muy mal, incluso te criticaban no directamente.

Nos parecía muy extraño que llegar con ideas nuevas y hacer crecer a las personas no les gustara de ninguna forma. Sin embargo, eran respuestas perfectamente entendibles para aquellos que íbamos con una mentalidad de progreso y de enseñanza. Todo lo desconocido lleva a una confrontación y a cierta cantidad de riesgo; en este caso, era muy positivo para los colaboradores y los ejecutivos que tenían más de dieciocho años en sus posiciones. Entonces, decidieron quedarse sin el programa de calidad que habían contratado y quedarse como estaban acostumbrados. El riesgo del peligro parecía peor que el peligro ya presente. ¿Esto le parece muy diferente de las cosas que vemos a diario en nuestro entorno? Las personas que no tienen ilusión de seguridad no quieren escuchar de cambios, pues todos los cambios conllevan un riesgo; para ellas salir del estado de confort ya es un lugar distinto.

Usted puede ser un líder y, no obstante, optar por un nivel aceptable de riesgo; puede decidir no subirse a la montaña rusa a la que tantos emprendedores se han subido. Si usted se siente incómodo con cualquier nivel de riesgo, por inferior que sea, y si el *statu quo* le parece tan apreciado que no se atreve a meterse con él... tendrá que preguntarse si realmente está comprometido a alcanzar el dominio del liderazgo. Después de todo, es un error pensar que si usted sigue haciendo lo que siempre ha hecho, obtendrá algo diferente de lo que siempre ha conseguido. Si fuera el caso, tal vez tendría que optar por bajar sus expectativas o subir su tolerancia al riesgo por lo menos un par de centímetros.

Le quiero compartir esta guía corta, la cual me ha ayudado durante mucho tiempo a tomar riesgos frecuentemente:

A. Para que se sienta cómodo corriendo riesgos primero tiene que saber dónde está parado. En una escala del uno al diez, ¿cuán abierto está usted a correr riesgo? Uno equivale a no muy abierto, y diez a extremadamente abierto y dispuesto. ¿En qué número está?

B. Investigue qué cantidad de riesgo está usted dispuesto a correr; es útil observar sus propias experiencias con el riesgo en el pasado. ¿Cuáles son los grandes riesgos que han movido su vida personal y profesional? ¿Cómo lo afectó y lo afecta el riesgo tanto en aquella época como cuando analiza la situación desde la perspectiva de los meses a los años transcurridos? Y dese la oportunidad de escribir sobre tres situaciones riesgosas diferentes que haya experimentado y autoevalúese.

C. Revise su vida actual, ¿en qué podría estar dispuesto a correr riesgos? Estos implican cambio de carrera, algo que siempre ha querido hacer, una oportunidad de relación amorosa, pasatiempos adicionales, viajes, nuevas fuentes de ingresos, emprendimiento independiente o un área de su vida sobre la que desee actuar, pero tal vez tema asumir riesgos. Debemos empezar haciendo una lista de, por lo menos, tres ítems sobre los que estaría dispuesto a actuar. Sea lo más específico posible y establezca fechas y plazos para automotivarse y hacerse responsable de usted mismo. Recuerde, nadie lo va hacer por usted.

¿Por qué trabajar en las preocupaciones del riesgo?, porque nadie puede lograr nada –mucho menos el dominio del liderazgo– si se concentra en invertir tiempo intensamente en situaciones que pueden salir mal. Muchas cosas van a salir mal, pero la mayoría no son tan perjudiciales como el hecho de preocuparse por estas. El riesgo es esencial, y una vez que usted se comprometa a aceptar cierta cantidad de riesgo como paso hacia el dominio del liderazgo encontrará maneras de facilitar las cosas en su vida cotidiana.

Ya que una trampa bastante fuerte es tener miedo al riesgo, una vez que eso sucede usted verá que el riesgo no suele ser en sí mismo el problema. Es el miedo al riesgo lo que obstaculiza nuestra vida cotidiana. Por supuesto que algunas veces los riesgos se hacen realidad. Los líderes aceptan eso; saben que no los sacará del juego para siempre y que, en última instancia, los hará todavía más fuertes, aunque puede resultar doloroso. Puede lastimar, pero cuando ha ocurrido, es necesario que todo líder aprenda a tolerar; su vida estará atravesada por cierta cantidad de realidades desagradables. No obstante, la ley de Murphy puede no ser del todo cierta. El pan untado con mermelada no siempre cae al suelo del lado de la mermelada... pero es cierto que Murphy tenía mucha razón.

En el mundo real hay problemas reales. La mayoría tiene remedio, pero siempre habrá cuestiones que están fuera de nuestro alcance. Aprenda a aceptarlas y siga adelante. En cualquier caso, no son las circunstancias las que nos hacen felices. Nuestra manera de responder a estas es nuestra forma de reaccionar ante las circunstancias. Debido a que no tenemos otra opción que aceptar lo inevitable, luchar contra eso solo conduce a la decepción, cansancio, amargura e inestabilidad.

También se aprende de las malas decisiones. Cuando se corren riesgos y todo sale mal (si es que sale mal), el líder debe contribuir a esclarecer lo que ocurrió, evitando los juicios (a menos que alguien realmente haya actuado de manera irresponsable). No se gana nada señalando a otras personas con el dedo, sobre todo la responsabilidad por todo lo que ocurre bajo su liderazgo.

Estimular a las personas es un liderazgo inspirador, el cual no debe sorprendernos, pues deriva de nuestra infancia. Cuando era niño, yo organizaba todos los juegos posibles: montar a la bicicleta, futbol, ser doctor, bombero, policías y ladrones… y todo lo que se podría organizar estaba basado en mis episodios de niñez. Esa es la clase de liderazgo que todos los niños hemos querido tener en algún momento de nuestras vidas. Cuando éramos niños, siempre nos preguntaban: "¿Qué quieres hacer cuando seas grande?", y comentábamos todo lo que digo arriba y muchas cosas más (y estoy seguro de que en ese momento nos estábamos abocando a ser un líder inspirador). Queramos ser esa persona en la cual pueden los compañeros depositar toda la confianza ayudando a la gente, y esta es la parte que más me inspira: poder ayudar a las demás personas, y que ellos logren sus propias metas por sí mismos, queremos que los demás nos permitan esa gran responsabilidad y estar a la misma altura de consumar su plan.

Debemos tener mucho cuidado con el contenido del mensaje (comunicación) que vamos a dar como líderes, ya que el contenido del mensaje de un líder puede resultar idéntico al de otro, pero la forma de transmitirlo es la que define el estilo del liderazgo (todos somos diferentes).

Capítulo 2
La comunicación

[Desarrollemos habilidades de comunicación
y nunca dejemos de mejorarlas]

En 1996, a los diecisiete años, empecé a estudiar en la universidad Hotel Administration Management, lo cual me llevó cinco años sacar esa titulación. Empecé a estudiar con veinticinco compañeros, de los cuales sólo nos graduamos quince y de estos sólo ejercemos tres. Antes de empezar la universidad yo tenía la enorme ilusión de ser un líder de equipo de algún hotel, el cual hoy día estoy cumpliendo gracias a Dios y a un esfuerzo grande de manera continua durante más de veinte años. Con lo que no contaba era que en tantos años no aprendí o vi una materia que hablara sobre la comunicación que se ejerce como líder de un equipo de trabajo.

La comunicación, bien sabemos, en el hogar, en la familia, con hermanos, socios, compañeros de trabajo, con los vecinos, en el trabajo y con nuestros padres es lo que nos va llevar a tener las mejores relaciones y decisiones en nuestras vidas. Sin duda, la comunicación es el elemento primordial que utilizamos los líderes de equipo como medio para influir en las personas. Mediante la comunicación, el líder también puede inspirar a su equipo, incidir, crear un impacto directo que se vea reflejado en la productividad del trabajo en sus áreas. Repito, en nuestros hogares, comunidades y familia.

Cómo comunicamos influye en nuestro liderazgo, y, a su vez, cómo lideramos tiene relación con cómo comunicamos. Porque todo es un mismo asunto. Las personas somos un sistema integral en el que todo está relacionado; no podemos progresar en el liderazgo sin trabajar, a la vez, confianza, gestión emocional, autoestima, asertividad, firmeza, carácter y un largo etcétera de muchas cualidades que debemos desarrollar a lo largo del camino de una gerencia general en cualquier tipo de empleo.

La comunicación se construye todos los días por medio de las relaciones con las demás personas; relaciones honestas muy reales. La capacidad de liderazgo no lo incluye, desafortunadamente, el título de gerente general, asistente, supervisor o de líder de equipo por más que la mejor empresa del mundo te lo otorgue (malas noticias). Nos vamos a sumergir en un proceso de aprendizaje diario, continuo. Tendrá que hacer muchas preguntas, observar detenidamente y utilizar fuertemente sus talentos y mucho sentido común. Siempre enfocarse en el panorama general y comprender cómo conecta el trabajo que realiza su equipo en lo que equivale la productividad e imagen.

Algo que no se debe de pasar por alto es planear las estrategias a corto, mediano y largo plazo para cada uno de los departamentos que está administrando, las cuales hay que comunicar de inmediato a sus superiores y al resto del equipo, para establecer metas individuales y grupales que sean realistas y medibles. Por favor, transmita las expectativas y los resultados que desea tener con el equipo. Ruego mil veces leer cinco veces las últimas cinco líneas, en estas residirá su estructura de la gran jerarquía de la comunicación en el liderazgo. Seamos personas muy ambiciosas, lo cual no está mal en ningún momento; vamos a utilizar esa ambición con mucha inteligencia positiva todo el tiempo. Nunca se le ocurra subir de puesto pisoteando a las demás personas. Un gran y querido amigo, con quien he trabajado y hemos compartido muchos triunfos, Abel Castrejón, me contó la historia de Hitler y el comandante Erwin Rommel, quien fue un militar muy condecorado durante la Segunda Guerra Mundial y recibió la prestigiosa medalla Pour le Mérite debido a sus acciones en el frente italiano, que es sobre no quemar los puentes por donde has pasado, porque podrías regresar en cualquier momento por esos mismos. Siempre deberemos saber adónde vamos y cómo vamos aceptando los desafíos y oportunidades. Sea muy cortés con sus sucesores que tienen potencial; nunca olvide que, si lo consideran irremplazable en su puesto actual, temo comunicarle que nunca lo considerarán para darle un ascenso.

¿Por qué conocerse a sí mismo será un reto bastante difícil?, porque usted le puede mentir a un policía, a su esposa, a su familia, a su jefe, a su comunidad, a cualquiera que pueda, pero a usted mismo nunca. Requiere trabajar en sus áreas de oportunidad y celebrar sus áreas fuertes; no debemos tener miedo de hacer preguntas a nuestros superiores o a nuestra línea descendiente, no lo sabemos todo, ni tampoco estamos obligados a esto, así sea usted el gerente general de una unidad de negocio. Busque rodearse de gente (colaboradores) que dé una buena imagen a la empresa que usted representa.

Tendrá que ser muy decidido para presuponer las cosas que van a salir mal, así nada lo tomará de sorpresa. Si en un súper proyecto piensa en todo aquello que podría salir mal, eso podría hacer que tome acciones correctivas más adelante, cuando usted crea que sea necesario. Controlar el estrés después de un proyecto que se haya planeado o no resulta muy complicado; por lo tanto, no se mortifique, porque lo único que deberá controlar una vez que esté en el camino al liderazgo o ya se encuentre manejando equipos de trabajo será la regulación del nivel de estrés. Una fórmula que no falla es confiar en usted mismo; si confía en usted, sus colaboradores van a confiar también en su persona.

Una vez que pueda controlar el estrés tendrá que mostrar amplia humildad para aceptar las críticas y los comentarios negativos de los demás, sin ponerse a la defensiva ni mostrarse arrogante o sumiso. Saque de este punto el mejor provecho, condúzcase como una persona profesional y con madurez, así la gente comprenderá su estado de ánimo. Tener una escucha activa, como un muy buen *coach* de equipos de trabajo, será el mecanismo más óptimo para recibir las opiniones de los demás; así tendrá el poder de los procesos, procedimientos, barreras o problemas que impiden que sus colaboradores hagan el trabajo que se planifica en su oficina. Escuche atentamente para que pueda comprender mejor los temas arriba mencionados y entienda las dos vidas de un colaborador: vida laboral y vida personal. A esto se le llama balance perfecto.

La comunicación, como hemos mencionado en este segundo capítulo, no se basa en un WhatsApp, *e-mail*, Skype o en un memorándum (como se hacía en los años ochenta, el cual funcionaba bien, comentaba el señor Olegario Peña, mi padre). Sea usted flexible, sobre todo con usted mismo, ya que un líder fuerte no siempre quiere o necesita tener la razón; nunca. Debe mostrarse abierto a los cambios y opiniones, ya que sus colaboradores se acercarán a usted pasando por encima de sus jefes, simplemente para comentarle cualquier dato que podría ayudar a la administración u operación de su unidad de negocio, y en este momento deberá dejarlos pasar a su oficina sin importar el cargo que tengan (repito, sin importar el cargo que tengan). Escuche con mucha atención, y si la idea es buena y se van a beneficiar ambas partes, colaboradores y empresa, aplíquela y haga pública de la mejor manera dándole el crédito a esa persona y al departamento que lo representa; no sin antes con el compromiso de implementar y desarrollar buscando activamente que el resto de los compañeros entiendan y apliquen lo recomendado.

Brinde siempre apoyo incondicional a su equipo y tenga la mayor paciencia a las frustraciones que le van a provocar sus colaboradores menos dedicados, capacitados y menos entrenados que usted; y no importa el rango, siempre trate a sus colegas con mucha amabilidad y respeto. Interesarse por ellos será una clave muy importante en un proceso de crecimiento para estos y para usted (siempre busque crecer como persona, no importa qué edad tenga ni qué nivel de estudios). Cuando analice estas siguientes palabras, entenderá el principio de la comunicación, ya que usted repercute directamente sobre su apreciación que tiene como líder de equipo. Tuve un gran líder en un momento en el cual ostentaba un puesto de trabajo ejecutivo de alto nivel, al mando de doscientos ochenta colaboradores en cuatro departamentos, en tres turnos de trabajo. La gran parte de su enseñanza de este líder no era oral, ni escrita, sino dando ejemplo tras ejemplo; lo que llamaría el maestro, John Maxwell: la ley de la imagen, los colaboradores hacen lo que ven. Muéstreles que comprende los desafíos que deben afrontar en el día a día y procure siempre usted mismo enseñarle al departamento involucrado; así, la gente comprenderá significativamente el desempeño laboral de sus colaboradores con un conocimiento actualizado, acoplado a sus deberes y compromisos, siempre y cuando entienda que usted es el último eslabón de la cadena de responsabilidades. Si existiera un pequeño error, por favor, muestre empatía y acepte la responsabilidad de este y muéstrese dispuesto a asumir la responsabilidad por los yerros de su equipo; sea valiente, pida disculpas y de inmediato tome acciones correctivas.

Algo que va a cambiar su vida desde el primer día que se hace líder de equipo y que usted no lo espera será resolver problemas y tomar decisiones basadas en finanzas, pero ¿qué es esto? La comunicación de un líder a diario reina en estas dos cuestiones que acabamos de leer; tendrá que tomar decisiones muy difíciles, y muchas veces odiadas; manejar conflictos y ayudar a la gente a aceptar los cambios (algo que por naturaleza al ser humano no le gusta hacer).

¿En qué radica la llave de la comunicación?, en que si usted es apasionado de lo que hace y tiene un compromiso grande, en sus deberes y en su trabajo grupal encontrará mil maneras súper innovadoras de resolver todos los problemas que ocurran en su oficina. Recuerde, ese será un trabajo con 90 % de su responsabilidad. Y en estos casos no habrá una clave, un secreto o una fórmula que lo lleve al nivel más alto del liderazgo. Lidere con el ejemplo, por sobre todas las cosas, pase lo que pase; siempre muestre su capacidad de trabajar bien con otras personas, incluso si a estas no les gusta, sin importar si difieren con usted en sus opiniones y enfoque, no importa.

Siga siendo justo y no tenga favoritismo; por favor, guárdese los comentarios negativos y las frustraciones. Mantenga su actitud positiva contra terremotos y tsunamis… todo el tiempo. Haga siempre lo correcto, aunque no lo estén viendo; a eso se le llama integridad. Cuando esté afrontando una toma de decisión que vaya en contra de sus propios valores, exprésblos, si le piden que haga algo ilegal o antiético, niéguese y defienda sus derechos y los de su equipo de trabajo. Recuerde, juntos podrán.

Ya que la honestidad será su aliada, y si no puede cumplir una promesa, no se comprometa; y cuando cometa un error, admítalo y pida disculpas. De esta manera, evitará los famosos chismes de pasillo, los cuales perjudican la operación de su unidad de negocio; no se deben proclamar rumores maliciosos, debemos ser muy fuertes para decir: "No me gusta hablar de alguien cuando no está presente". Con esto demostrará integridad y respeto, además evitará que las personas hagan rumores sobre las demás personas. Siempre debe dar lo mejor de usted, lo cual no será fácil, pues habrá circunstancias que tendrán que hablarse en tercera persona; para esto debe mantener confidencialidad, mucho respeto y coherencia con las personas.

Capítulo 3
La resistencia al cambio

[Hagamos la diferencia con gente
que quiera hacer la diferencia]

Al tratar con individuos son inevitables los errores y las pruebas. No es posible dirigir la conducta de los demás con la misma resolución, eficacia y certidumbre que los resultados propios. Uno de los caminos del éxito personal consiste en aprender a dar una resolución diferente a cada persona. A todos los tratamos de manera distinta, lo cual se aprende desarrollando las relaciones y tratando con los demás en su "propio idioma"; vamos a aprender el proceso inevitable de los errores y las pruebas en cualquier interacción humana, y así descubriremos juntos cómo relacionarse con la resistencia.

Modelar la excelencia es importante para concretar los resultados que deseamos en formación como líder de equipo. Ponga mucha atención a lo siguiente. El rasgo más importante y común de los líderes de equipo es la flexibilidad; peculiaridad muy común en todos los líderes de equipos eficaces. Para comunicar bien, lo primero es tener sentido de la humildad y estar dispuesto al cambio. La fuerza de voluntad no sirve para comunicar —mala noticia para todos—, pues a nadie haremos entender nuestros puntos de vista a la fuerza; sólo se puede comunicar mediante la flexibilidad perseverante y muy atenta. Como dijo una vez mi maestra de *coaching*: "Debes escuchar sin tener ruido mental. Escucha activa todo el tiempo".

La flexibilidad no es un rasgo que todo el mundo posea desde pequeño, pero es posible desarrollarla, como muchas otras características, para ser un líder de equipo. La mayoría de las personas seguimos en nuestra mente los patrones de conducta de nuestros padres, ya que esos fueron los primeros que vimos, oímos y mantenemos. Lo malo es que en muchos casos estamos seguros de que tenemos la razón (vaya argumento); qué pésimos somos, porque aparte pensamos que estos patrones nos van abrir puertas; se nos hace más fácil seguir diciendo: "Es que yo aprendí así; es que yo no voy a cambiar; es que yo soy así". Para aprender a ser flexible debemos desaprender los patrones de conducta negativos que adquirimos en nuestro hogar; estructurar los nuestros, los propios, pero no es tarea fácil. El líder que no cambia sus patrones de comunicación se encuentra en problemas.

Se nos hace montaña arriba entender y tener muy presente que la resistencia en las personas no existe; suena raro pero es verdad. Sólo sabemos de líderes de equipo con mucha falta de flexibilidad, que empujan a sus equipos en el momento no apropiado. Recuerde esto: el líder de equipo más eficiente dirige sin imponerse, y donde no hay resistencia, no hay conflicto; veamos un ejemplo. Nos presentan a una persona y empezamos a hacer prejuicios antes de que empiece hablar, pues tendremos que entrar a su mundo, el cual nos resulta desconocido. No debemos ignorar lo que dice y cómo lo dice, con palabras en su mente; mejor crear una conexión que establezca un vínculo entre ambos. De esa manera, se abrirá la puerta o esa negociación, sin crear resistencia.

Muchas veces nuestra cultura nos dice lo contrario, afirmamos que no controlamos nuestros comportamientos, nuestros estados, ni emociones, ya que tenemos muchas condicionantes, desde traumas de la infancia hasta desórdenes de tipo hormonal. Sin embargo, estoy seguro de que estos patrones de conducta se pueden cambiar en cualquier momento. Cuando consideramos a otra persona como competidor, como alguien a quien vencer, su postura será de oposición. Y para resolverlo hay que mostrarse flexibles, cambiar, adaptarse, experimentar, ensayar y vivir otras cosas. Cuanto más flexible sea usted, más opciones creará, más puertas será capaz de abrir y más éxitos alrededor suyo conocerá.

Recordemos que no vemos el mundo tal como es, porque las cosas pueden interpretarse desde muchos puntos de vista. Nuestra manera de ser, nuestro juicio negativo o positivo, nuestros mapas y cómo percibimos nos definen. En el trato con las demás personas resulta inevitable una cierta medida de error e intentar nuevamente;

no cabe dirigir la conducta de los demás con la misma velocidad, eficacia y certidumbre que nuestros resultados propios. No obstante, una de las claves del triunfo personal consiste en aprender a acelerar ese proceso, lo cual se consigue desarrollando las relaciones, aprendiendo a calibrar a los demás, de modo que nos permita tratar con ellos en su propio idioma.

Modelar la excelencia es crucial para lograr los resultados deseados; si algo es importante en el liderazgo, es la flexibilidad, cualidad común de los grandes comunicadores eficaces que he conocido en el mundo corporativo alrededor del mundo. Ellos, en lo particular, aprenden a calibrar al interlocutor, y luego no dejan de modificar el propio comportamiento, tanto verbal como no verbal, hasta que pueden crear lo que realmente buscan y quieren. Regla única para comunicar bien como líder de equipo: lo primero es tener mucho sentido de la humildad y estar dispuesto a cambiar. La fuerza de voluntad no sirve para comunicar –a nadie haremos cambiar o entender nuestros propios puntos de vista a la fuerza–. Sólo se puede comunicar mediante una flexibilidad de perseverancia constante.

La flexibilidad no es un rasgo que todos adquieran por naturaleza, haber trabajado con varias culturas mundiales me ha dejado claro que la mayoría de las personas, incluyéndome, siguen los patrones de siempre, con monotonía inservible. En muchos de los casos es porque siempre (vuelve el maldito siempre) pensamos que tenemos la razón, confiamos en que la mera repetición acabará por abrirnos paso al amor propio y a la inercia (cuidado con esta), porque se nos hace mucho más fácil seguir haciendo lo mismo de siempre, y en muchos casos lo más sencillo es lo peor que podamos realizar. Un poeta asentó esto: "El hombre que no cambia nunca de opinión es como el agua estancada, y el hombre que no cambia nunca su patrón de comunicación se encuentra en un terreno impenetrable".

¿Qué pasa con aquellos que se plantean varias o muchas opciones como sean posibles y tratan de abrir todas las puertas viables para poder dialogar con un planteamiento sobre una situación negativa, ya que los problemas no tendrán una solución factible? Todos consideramos que la resistencia no existe, pero pienso que sólo existen en el mundo comunicadores faltos de flexibilidad, que empujan en el instante equivocado y en la dirección errónea. En el mundo corporativo también deambulan personas con muchas limitaciones, paralizadas, sin poder personal que los ayude en la acción. La atención no está mal, porque si usted asume a otro como un competidor, como alguien a quien vencer, se está situando de lleno en una postura de oposición.

Mi hijo en una ocasión me hizo comprarle un rompecabezas de quinientas piezas, pero antes le pregunté: "Miguel, ¿estás seguro de que lo vas armar?". Y él respondió muy seguro de sí mismo: "Sí, papá, lo voy armar". Lo compré, y al cabo de los días empezó a armarlo en una mesa de la sala de donde vivíamos en ese momento. Empezó a mostrar dificultad para continuar armándolo después de varias piezas; presentó algunas dificultades para seguir, y le comenté que si seguía con unas dos o tres piezas únicamente no podría armarlo, tenía que abrirse mentalmente y seguir colocando pieza por pieza hasta terminarlo. El mensaje era: para terminar de armar el rompecabezas debes aplicar la flexibilidad, cambiar, adaptarte, experimentar con más piezas. Cuanto más flexibles sean ustedes, más opciones creará, más puertas será capaz de abrir y mucho más objetivos conseguirá.

Termino este capítulo comentando algo que me pasaba cuando iba ascendiendo de puesto en mi carrera como hotelero. Notaba que muchas personas no sabían cómo vencer el miedo a lo nuevo, el pánico los paralizaban totalmente. En muchas de mis conferencias comenté que el miedo lo llevaban en el hombro, pero cada quién elige en cuál, y tendrá que vivir y dialogar mucho con él en tercera persona. Yo siempre uso el espejo del baño de mi casa para hablarme y decir: "¿Qué está pasando, Miguel?". Los seres humanos por naturaleza le tenemos muchísimo miedo a lo nuevo, y esto significa amar las cosas viejas, pero amar lo viejo no está bien. ¿Por qué nuestra mente no acepta el cambio, nos sabotea y nos mantiene en lo mismo, en la repetición de la repetición?, porque es lo más fácil de hacer. Recuerde esto muy bien: la mente se resiste al cambio por sobre todas las cosas, a lo cual yo le llamo resistencia mental al cambio. Definitivamente, las situaciones nuevas que se nos presentan o queremos hacer nos deben causar muchas alegrías, aventuras y bastante entusiasmo. Lo que no nos da entusiasmo es la barrera del miedo.

El liderazgo no debe ser resistencia, aunque en el pasado y hoy en día haya líderes con el siguiente lema: "Aquí lo hemos hecho siempre así" o "así como estamos, estamos bien". Lo cual no se juzga, pero no podrá haber progreso significativo en el equipo, ni en los resultados que busca la empresa a la que usted representa o tiene como dueño. Debemos ser persistentes en la búsqueda en algo que esté valorado y muy deseado, para que podamos tener la suficiente resiliencia, la cual en mi mente significa que es la capacidad de adaptarse fuertemente a un agente perturbador, a una situación adversa. Ejemplo: ajústate en el momento, adaptándote en donde estás; si no, para qué estás.

Mi padre es un hombre que acaba de cumplir ochenta años y sigue siendo muy tenaz, porque en todo momento fue persistente; eso noté más de él desde cuando yo era un pequeñín, mas no era una persona resiliente porque siempre persistía en lo mismo todo el tiempo. No puedo mentir, ha sido un hombre muy distinguido en sus negocios, con una educación increíble y trato con el personal impresionante, así como con sus clientes y socios comerciales. Era el hombre más querido en su mundo. Lo de no haber sido resiliente es un claro ejemplo de que se quedó en las formas y maneras que hoy ya resultan improcedentes. No obstante, existen otras personas que son muy resilientes, pero con ninguna condición tenaz, lo cual las hace flexibles para adaptarse a cada adversidad, pero muchas veces pierden dirección porque nunca perciben resultados. Si quiere ser un líder verdaderamente notorio y respetado, tendrá que poseer los dos elementos al mismo tiempo, es decir, tenacidad y resiliencia.

¿Cómo llegar lejos en el mundo del liderazgo? Se debe ser una persona disciplinada. Todo lo que se comienza se requiere terminar, sin importar las circunstancias, lo que es igual a ser muy tenaz. Recuerdo claramente que cuando era niño mi padre me decía, al ver que yo comenzaba y dejaba en el camino todo: "Debes terminar todo lo que comienzas; te voy ayudar, pero requiero que pongas de tu esfuerzo y tu corazón para que persistas y tengas resiliencia por sobre todas las cosas". Afortunadamente, crecí en un lugar muy frío, y los deportes que hacía eran al aire libre, como el futbol, nado, béisbol o andar en bicicleta, a pesar de que me quejaba del clima, frío, vientos y algunas veces lluvia. Mi padre me decía que debía seguir, pero yo no entendía que lo que se estaba desarrollando dentro de mí era ritmo, tenacidad y resiliencia en todo momento. Ahora comprendo perfectamente todo lo que mi padre hacía y decía; agradezco mucho a él el tiempo que me ha dado hasta la fecha. Descubre tu propósito y cúmplelo.

Deberá disciplinarse en lo que emprenda y tendrá que cerrar ese círculo; recuerde que darse por vencido tiene que ver más con quiénes somos, con dónde nos encontramos. Elimine de su mente la "excusitis aguda", la enfermedad del fracaso; hay que decirle no a la pereza y borrar de los pensamientos aquello de "eso no lo voy a poder hacer". Examine su carácter, ya que la tenacidad no tiene nada que ver con lo externo, es totalmente interno; la disciplina nos va a llevar a una distancia, pero después se constituye como una parte del ser.

Realizar cosas incómodas físicas y emocionales a propósito empezará a entrenar a nuestro cuerpo a ceder, no a continuar para obtener la verdadera tenacidad. ¿Y cómo podemos desarrollar la tenacidad?:

1. Terminar todo lo que se comienza; si no, mejor no comenzar.
2. Realizar cosas incómodas a propósito; conquistar el desafío.

Mi padre era un gran pescador, específicamente de truchas en ríos caudalosos y lagunas grandes y muy frías; llegábamos a la laguna a las cinco de la mañana con un clima de cero grados, congelados de frío, tomando té para poder obtener un poco de calor, y aunque el carro de mi papá no tenía calefacción, varias veces me regresé a acostarme porque no aguantaba el frío y había mucha neblina; para mí eso era una situación incómoda, la cual repetí varias veces. Hoy día miro hacia atrás y me preguntan mis colegas, hijo, esposa y compañeros del trabajo: "¿Qué es lo que más has desarrollado?", y respondo: "Tenacidad, mucha tenacidad".

Me acuerdo también de que mi padre tenía incubadoras para codornices; los huevos de estas tenía que marcarlos con una equis por un solo lado con color rojo. Eran cien unidades y no podía partir ninguno, ya que estaban fértiles; recuerdo claramente que cuando la minicodorniz estaba naciendo, tenía que picar ella misma el cascarón para romperlo y poder salir. Por ningún motivo podíamos ayudarla; de lo contrario, no podría tener un desarrollo adecuado o podría morir. La codorniz necesita desarrollar resistencia desde su nacimiento.

Tome en cuenta esto, entre más comodidad tenemos, menos resistencia en nuestras vidas y menos personas tenaces seremos. 3. Rodearse de las personas correctas, es decir, las que creen en ti. Los que quieren que nos vaya bien en lo que hacemos son personas positivas. Necesita tener gente que lo ayude a seguir subiendo para conquistar lo que se proponga. 4. Enfoque su vida en las cosas realmente importantes y valiosas, para conseguir tenacidad.

Capítulo 4
Nuestras energías

[La energía es el "combustible" para poder
realizar un trabajo necesario y cualquier asunto
que implique un cambio en nuestra vida]

A partir de los ocho años, empecé en el mundo de los deportes, lo cual sigue repercutiendo en mi vida, pues los practico hasta la fecha. Mi primera disciplina deportiva fue el Karate Do Shito Ryu; he pasado por muchos calentamientos, entrenamientos y concursos durante más de dos años hasta llegar a cinta amarilla, que en aquella época no sabía de su importancia y de cómo lo habría logrado. Armando, mi senséi, desde el primer día me dijo: "Aquí venimos a representar una disciplina japonesa fundada en 1931 por Kenwa Mabuni", y yo pensé: "Ajá, mmmju. Mi madre me compró el uniforme, el cual se llama kimono en mi país de origen. Yo suponía que desde el primer día iba a llegar con mi flamante Kimono e iba a empezar a repartir golpes y patadas por doquier y que todo el mundo me respetaría por ser un cinta blanca novato, pero no, así no fue.

Es muy interesante que primero empezaron los entrenamientos con un cambio de pensamiento, no por los golpes, como se ve en las películas; la disciplina del karate do no está relacionado con la violencia, ni con las peleas callejeras, es una metodología de movimientos de golpes con énfasis en técnicas de mano abierta, por lo cual me preguntaba: "Cómo derribo a una persona con la mano abierta", es decir, con la mano abierta colocando todas mis energías en esta.

Con el paso del tiempo, ya no me interesó seguir en el karate do y cambié de disciplina. Entré a una alberca olímpica, donde me daban clases de natación maestros profesionales, los cuales me guiaron para aprender a nadar de una manera regular. No me atrajo mucho la idea de nadar, y entonces pasé a una escuela de piano, en la cual pude aprender las notas musicales, a interpretarlas, conocer varios tipos de pianos, teclados y órganos de música, los cuales me atraían de una manera espectacular; mi padre siempre quiso que yo tocara un instrumento musical.

Tiempo después, manifiesto a mis padres que no quería tocar piano, ni ser un artista, como ellos querían, sino poner en movimiento mi sistema muscular modificando mi postura, las expresiones faciales, el cómo comer y beber, así como lo más importante: la respiración. Finalmente, me dediqué a jugar futbol a nivel preinfantil durante tres años, luego me cambié al béisbol, en donde duré muy poco tiempo, ya que los entrenadores tenían una actitud de pobreza mental, así le llamo a una persona que no tiene ni aliento de saludar a otros. Pasando por todos estos diferentes deportes siempre había tenido una bicicleta, la cual alternaba con mis amiguitos del vecindario donde yo vivía y trabajaba mi papá; siempre alternaba la bicicleta con mis amigos en mis ratos libres. Cuando empecé a ser un adolescente de catorce años, una tía, a quien le guardo mucho respeto y cariño, por parte de mi mamá, le pidió un día a mi padre: "Déjenme llevar a Miguelito a que haga aerobics; a lo mejor le gusta y se inclina por sudar en el gimnasio", justamente en ese momento sentí la necesidad de ir hacer aerobics dos horas diarias, de lunes a viernes, con mi tía. Después de un tiempo, empecé a levantar pesas en el piso de abajo del gimnasio, con unos muy buenos entrenadores, los cuales fueron moldeando mi cuerpo poco a poco, hasta que yo elaboré mis propias rutinas en diferentes horarios. No obstante, nunca dejé de montar la bicicleta, a medida que iba creciendo cambiaba de número de rodada (tamaño), acorde con mi estatura.

Noté que empezó a cambiar mi vida drásticamente con esta combinación de aerobics, pesas y seguir montando la bicicleta, alternando un día cada uno; comencé a contratar a nutriólogos, entrenadores y personas que ya habían pasado por donde yo quería pasar, pero de una manera sana y sin lesiones. Aprendí sobre principios de fisiología, lo cual estoy completamente seguro de que es la base de las energías; seamos o no un líder de equipo, debemos empezar por aquí. Como buen fanático del ciclismo de ruta he tenido buenas bicicletas, y cuando me refiero a una buena bicicleta, hablo del cuadro, no a los componentes, los cuales hoy día son lo más importante, porque de qué vale tener un buen cuadro, cuando los componentes son de gama baja; el rendimiento no será óptimo.

Pero ¿qué debemos hacer para elevar los niveles de energía?, porque entre más alto el nivel de energía, más eficiente será nuestro organismo; y cuanto más eficiente sea, mejor se sentirá usted y con mucho más ánimo aplicará todos sus talentos a los resultados esperados. Empecé a mezclar los deportes y el mundo laboral al mismo tiempo, lo cual no resultó nada fácil hasta la fecha, pues gasté mucha más energía, ya que yo quería estar al cien en mis deportes y en mi trabajo, sin dejar a un lado la familia, en especial a mi primer hijo y amor de mi vida, a quien nunca abandoné.

¿Cómo se logra todo esto? Vamos a empezar por algo que nos cuesta mucho creer y no hacemos bien hasta que conseguimos ayuda profesional: la alimentación. ¿Quiere ser un muy buen líder de equipo, un muy buen soporte en su casa y hacer ejercicio como debe ser? Hay que empezar por dejar de comer todas las porquerías que solemos comer, las cuales no dejan avanzar en ninguna de las tres áreas comentadas. Sé que hay muchas versiones, muchos doctores, muchos entrenadores y mucha incertidumbre, pero yo buscaba resultados, así que le pagué a varias personas con resultados comprobados para que me ayudaran en el campo del ciclismo, las pesas y en mi carrera profesional, sin importar que tuvieran un título o no, lo más importante es que ya habían pasado por muchas de las áreas que yo estaba buscando enmendar desde hacía muchos años. Cuando aprendí, hice un calendario, un plan de metas a corto, mediano y a largo plazo en un cuaderno, el cual bauticé como "Estos serán mis herramientas y principios de un programa de tres meses, primeramente". Y los empecé a aplicar todos los días hasta lograr lo que quería: un estilo de vida y no resaltar ante las demás personas. Pude descubrir por mí mismo un sistema de vida totalmente diferente, muy aparte de las disputas y muy libre de las famosas dietas, uno que funcionaba en mi propio cuerpo.

Creo que tener un balance en los alimentos es lo que todo deportista, líder de equipo y padre de familia debe de hacer a diario;

mantener una dieta a base de frutas frescas, verduras, jugos naturales, proteínas, fibras, agua y evitar el azúcar por sobre todas las cosas. Esto nos mantiene con las energías necesarias para producir con el equipo de trabajo y llevar una agenda acorde con los horarios establecidos. Por medio de una dieta balanceada, usted ayudará a su propio cuerpo en el proceso de limpieza, en vez de sobrecargarlo con alimentos indigestos.

La acumulación de productos de desecho abre el camino a las enfermedades. No dejar a un lado suministrar suficiente agua al cuerpo para que el sistema pueda diluir más fácilmente dichos productos y eliminarlos.

Cuando comencé a madurar, pasando de la pubertad a la adolescencia, y mi cuerpo cambió drásticamente, me aconsejaron tener un nutriólogo particular, lo cual para esos años era algo que yo no entendía, pero me dejé guiar por mi instructor en ese momento. No entendía por qué me mandaron a comer frutas en ayunas, simplemente el doctor me dijo: "Eres muy grande y fuerte, así que requieres tener un corazón fuerte y sano". La fruta es el único alimento que evita enfermedades en el corazón, esto debido a que contienen bioflavinas; también, evitan el espesamiento de la sangre y las adherencias en la rotura de los capilares, y ya se sabe que la rotura de estos es la causa frecuente de hemorragias internas y ataques al corazón.

Un día estaba en mi oficina y escuché por radio la llamada de mi clave, pero con mucha urgencia: a mi jefe le había dado un infarto al corazón, por el cual estuvo varias semanas en el hospital y en casa. Recuerdo que su alimentación era no muy buena, y comía entre comidas cosas que no recomiendan los nutriólogos, pesaba mucho y no tenía un tamaño promedio; el azúcar era su alimento primordial, es decir, golosinas, pan dulce, café, leche y postres en la comida y cena; desafortunadamente, esto lo estaba matando. Mi *coach* y nutriólogo de ciclismo me recomendaban no atiborrarme de alimentos en el desayuno, excepto cuando entrenaba a las cinco de la mañana, bien fuera en la bicicleta o en el gimnasio; lo hacía con un balance de comida ideal para recobrar nuevamente mis energías. Mis *coaches* me mantenían con este siguiente balance, el cual sonará un poco extraño, pero en mi cuerpo hizo milagros, que hoy día agradezco muchísimo; el estómago requiere algo fácil de digerir, que suministre azúcares directamente utilizables por el organismo y que ayude a limpiar el cuerpo.

Haga una prueba, consuma sólo fruta fresca o jugos, con estas, hasta el mediodía, y evite el café, leche y resto de comidas que suelen intoxicar su organismo; notara una vitalidad y energía diferentes. Sólo haga la prueba; a mí me resulta. Dejé de comer carnes rojas, en específico porque no toleraba su olor y sus resultados dentro de mi cuerpo; lo logré una vez que decidí será el último día de comer carnes rojas.

Los efectos fueron muy fructíferos, pues de inmediato empecé a notar una pérdida de peso enorme, disminución de mis bacterias intestinales, la apariencia de mi piel, aumento de consumo de fibra, mi salud cardiovascular y, por supuesto, menor riesgo de padecer diabetes.

Entonces, ¿es bueno dejar de comer carne roja? Responder a esta interrogante sería complejo, pues, como vemos, la carne brinda nutrientes esenciales en todo balance nutricional. Sin embargo, hay cierta controversia sobre su consumo, sobre todo si son carnes rojas procesadas. En mi caso, yo suspendí su consumo y sigo entrenando ciclismo y trote a mis ritmos; creo que es posible sustituirla con huevos, legumbres (muchas, por favor), trigo, pescado y frutos secos. El amaranto es de mucha importancia por su alto contenido de proteínas, calcio, ácido fólico y vitamina C.

Le comparto esta experiencia, la cual me ha ayudado desde muy pequeño hasta la fecha; esta experiencia de salud que he tenido me ha ayudado a tener una fuente de energía vital para poder liderar equipos de trabajo. Mi primer puesto de trabajo como ejecutivo fue estar a cargo de más de doscientas personas en mi departamento, cargo que tuve durante cinco años, a la edad de veintiocho años; fue una experiencia maravillosa que implicaba muchas energías para poder aportar un liderazgo de calidad. Tener el puesto no es lo importante, ni el sueldo ni el *statu quo*, sino cómo comunicar lo que sabemos y en qué momento; en el capítulo de la comunicación lo vimos.

Tómese unos minutos o el tiempo que guste invertir para representar lo que será de usted mismo dentro de un mes o dos meses, después de haber atendido todo lo comentado aquí en este capítulo tan importante. Pregúntese si algo lo está deteniendo en su proceso y transformación del liderazgo; vea a la persona en la cual se va a convertir después de transformar sus alimentos y respiración adecuada. ¿Qué sucedería si comienza el día con más de seis respiraciones profundas, potentes, que realmente le brinden esa energía que su cuerpo necesita?, ¿qué pasaría si todos los días amaneciera agradeciendo a Dios por estar vivo, o al dios en el que crea?, ¿siendo dueño de su propia mente y cuerpo?

Cambiar de hábitos alimenticios no es nada fácil para nadie, incluyéndome a mí, pero lo pude lograr; todos podemos. Comer abundantes alimentos realmente nos hará sentir en un estado de liderazgo, con suficientes energías; evitemos la carne roja y los lácteos, que nos fatigan mucho y obstruyen nuestro sistema. Lo anterior es una combinación perfecta y adecuada para reservar energías para asuntos en verdad importantes. Poseer energías adecuadas, mediante los alimentos, es una de las principales fuentes de orientación al liderazgo; recuerde esto: el cuerpo habla.

Este libro incluye las bases del liderazgo real que usted necesita para dirigir grupos de trabajo de alto rendimiento, las cuales nadie le compartirá. Sepa usted que lo que le comparto aquí podría parecerle fácil o difícil, pero partirá de la disciplina que usted le ponga a llevarlo a la práctica durante el tiempo que sea necesario; convertirse en un gran líder requiere años de autodisciplina y mucho trabajo. Tendrá que tirar a la basura sus hábitos negativos; esto tampoco será fácil. La buena noticia es que para cada esfuerzo, y si es nuevo mejor, hay una recompensa que se va a multiplicar. De modo que, si le gusta lo que ve, hágalo. Comience hoy, y habrá cambiado su vida para siempre.

Recuerde algo, cuando usted acepta el riesgo a la posición de líder de equipo de trabajo, va a necesitar de tres elementos fundamentales:

1. Mucha comunicación, como dice el segundo capítulo;
2. Gran resistencia al cambio; y
3. Energías suficientes.

Capítulo 5
El verdadero liderazgo, cómo se mide

[¿Conocernos será de mucha importancia para saber cuál hábito obstaculiza nuestro crecimiento?]

Durante muchos años viví en una ciudad sobre 1,630 metros de altura sobre el nivel del mar, la cual amo y respeto mucho. Normalmente en este tipo de alturas sólo se viven algunos sismos y no tan fuertes como en otras partes, los que viví sin gran preocupación. En algunas montañas había deslaves, y las carreteras se bloqueaban de manera que nadie podía pasar. Eso fue lo más extremo que viví sobre desastres naturales hasta que partí a otros países, en donde los desastres naturales eran, sin duda, el pan de cada día, por lo cual tuve que aprender rápidamente cómo salvaguardar a los que estaban conmigo, en este caso huéspedes y colaboradores, porque así lo decía la brigada en la cual me habían metido, según mis actitudes.

Al estar trabajando en las costas de Jalisco pude ver cómo volaban colchonetas, sombrillas, camastros y cualquier otro objeto que se dejaba arrastrar por el viento, al cual ese día le llamaron ciclón. Pensé: "Nos quedamos sin trabajo, mi área ya se destruyó y los huéspedes salieron corriendo a sus habitaciones". Todas las brigadas se pusieron alerta por una alarma que había en el hotel donde estaba trabajando; yo pertenecía a la de búsqueda y rescate, me quedé paralizado totalmente porque era mi primera vez.

En esa ocasión, mi jefe dio una muestra de verdadero liderazgo, coraje y pensamiento creativo, en las circunstancias más estresantes que puedan imaginarse. Hoy día recuerdo claramente sus gritos: "No corras, mantente con calma, todo va a salir bien", pero para mí eso no estaba bien, a pesar de todo el entrenamiento que recibí, mi susto y preocupación, repito, era muy grande. Cuando pienso en él, una de las primeras cosas que recuerdo es cómo se condujo durante esa media hora de rachas de vientos y fuerte lluvia. Fue un momento que definió a mi jefe y a su administración en conjunto como unos grandes líderes. La mejor prueba del dominio del liderazgo hacia un grupo de colaboradores, y lo vamos a llamar el código de la imagen; la gente hace lo que ve, sin duda alguna. Como se comporte el líder, así actuarán sus colaboradores. Recuerde esto: la gente tiene dos ojos, dos oídos, una nariz y una sola boca.

Para evaluar a un líder como bueno o malo, en escalas de valor, de acuerdo con mi mundo, se deben evaluar los siguientes puntos: el poder de su palabra, el poder de la ejecución de su palabra, el poder de su intención, el poder de hacer efectiva la intención y, por último, sus resultados.

Durante varios años me tocó vivir en lugares nórdicos, donde la nieve y la lluvia hacen sus destrozos también, y esto me hacía recordar cuando me tocó aquel primer y simple ciclón. La nieve te entierra y la lluvia te inunda hasta llegar al ahogamiento. Regresé a las costas de Jalisco, con mucho más potencial, empoderamiento, energías y más creencia en mí como persona. Llegaron más desastres naturales, como los huracanes de categoría 3, 4 y 5 *Katrina*, *Patricia* y el último que me dejó perplejo: *Nora*, categoría 5, el cual terminó por destrozar dos hoteles y dejarnos sin agua, Internet y telecomunicaciones durante una semana, lo cual se tradujo en pérdidas millonarias para volver a reconstruir nuevamente las propiedades en las que estaba trabajando en ese momento.

Nos costó mucho volver a levantar las instalaciones, tuvimos que hacer un plan de rescate de áreas en donde teníamos que verificar la posibilidad de alistar todo en menos de veinte días, porque contábamos con muchas reservas y no podíamos quedar mal con nuestros clientes, de acuerdo con nuestra promesa de marca. Con doscientos colaboradores, maquinaria rentada y varios *outsourcing* pudimos resarcirnos de aquella catástrofe, durante la cual pude descubrir una importante y cruda verdad sobre el liderazgo y la evaluación del liderazgo: en momentos de crisis todos los colaboradores estarán mirando, escuchando y siguiendo lo más preciado de un líder, es decir, su actitud y comportamiento en esos momentos difíciles.

Lo anterior me indicaba, en pocas palabras, que los líderes son definidos y juzgados por su manera de responder ante una crisis. Cuanto peor sea esta, más importante debe ser la conducta de un líder. Puedo considerar que una crisis es una amenaza genuina necesaria de enfrentar, pero también podemos darnos cuenta de que es una oportunidad para practicar el dominio del liderazgo. Es el momento de ponerse a prueba en los grandes equipos, como dicen los futbolistas profesionales. Estoy seguro de que nos divertiremos en este capítulo, porque de seguro le dirá cómo meter esos grandes goles con los mejores equipos. Debemos poner en práctica de la mejor manera, ya sea en lo profesional y personal, algunos principios, aunque eso no puede garantizar que usted ejercerá un verdadero dominio del liderazgo. Más de una vez la verdadera iniciativa de resolver una crisis lo ayudará a evitar muchos problemas en el futuro empresarial y personal.

El 28 de agosto 2021, el huracán *Nora*, desastre en todo el sentido de la palabra y de emergencia, hizo que me graduara y tomara una maestría en mantenerme sereno durante semejante crisis natural. Literalmente, subí al cuarto piso de uno de los hoteles y pude ver cómo todo volaba como un proyectil, ante lo cual no podía hacer nada, sólo esperar a que pasara la tormenta. Los daños fueron directo a las habitaciones, alberca, pararrayos, palapas, planta de energía y Chiller de AA de un hotel. El daño fue muy grande.

Gracias a los entrenamientos que había tenido años previos atrás no tuvimos pérdidas humanas, que fue lo más importante en este caso, gracias a Dios. Los minutos transcurrían entre el comienzo de la emergencia y la última gota y viento del huracán, lo cual duró más de cuatro horas y fue aterrador. Y la manera de responder a esta crisis fueron las horas de entrenamiento que habíamos tenido con el personal durante los últimos meses. Realmente es una marca de profesionalismo, pero también la forma más eficaz del punto práctico. Por lo tanto, tenga muy presente este primer principio de liderazgo en una situación de crisis: la calma, porque perder los estribos nunca resolverá nada, en cambio mantener la calma posibilita muchas acciones beneficiosas.

Ya que como líder tendremos que entrenarnos para resistir las respuestas emocionales, vamos a tener que obligarnos a pensar positivo, aun cuando no crea en sus propias afirmaciones. La mayoría de las situaciones no son malas como parecen en el momento. Y aunque una situación sea mala en primera instancia, lo mejor es analizarla y conducirse de otro modo. Actúe como si todo estuviera bajo control, y es muy probable que pronto lo esté. Debemos preguntarnos: ¿qué puedo hacer para mejorar la situación?, ¿cuán rápido puedo actuar?,

¿quién puede ayudarme?, y finalmente, después de hacer el primer movimiento, pensar en cuál será el segundo, tercero y cuarto.

En el momento de la catástrofe me dije que debía tener mucha fe y que el miedo (el cual nos paraliza) no me iba a destruir. Adopté una mentalidad de que sería capaz de afrontar cualquier situación que me deparara la vida. Y a partir de ese momento, todos los días comienzo a vivir de nuevo. Varios compañeros y colegas me preguntaron que cómo pude manejar el estrés, y les compartí una técnica que uno de mis mentores me enseñó, la cual es ponerle una orden o un comando para nulificar el estrés. Como líder, usted puede aprender a hacer lo mismo con presiones y con la terrible ansiedad.

Vayamos al ejemplo. En una crisis cualquiera todos debemos hacernos la siguiente pregunta: ¿qué es lo peor que puede suceder?, ¿por qué?, porque los problemas no son de vida o muerte. Nos podríamos quedar sin trabajo, sin pagar la letra de la casa o del carro, lo cual sería muy desagradable y desmotivante. Le pregunto: ¿vale la pena pagar el precio del estrés?, claro que no, mil veces no. Necesitamos identificar el peor resultado posible, y afrontarlo no significa tener la obligación de aceptarlo. No significa que se acueste a esperar el fracaso, sobre todo cuando otros esperan que usted como líder los guíe y los lleve a los resultados esperados y planeados.

Los desafíos graves parecen ser muy abrumadores cuando no los afrontamos con todas nuestras fuerzas; ejemplo, si nos paramos en una pared de cien metros en la parte de abajo y miramos hacia arriba, nos va a parecer que está muy alta, pero qué pasaría si miramos hacia abajo y buscamos la forma de dar pasos poco a poco hasta llegar adonde queremos. Esta es la única forma de evitar una parálisis que pueda provocar crisis. Como líder, usted tendrá la capacidad de controlar la dimensión de la crisis por la cual está pasando. Estoy seguro de que tendrá que eliminarla en varios pedazos por su propio bien y por el de aquellos que dependen de usted. Incluso, a pesar de haber desmenuzado la crisis por la cual está pasando, usted todavía seguirá bloqueado. Y cuando esto pase, usted se verá en la obligación de admitirlo. No todos los problemas tienen una solución. Y por más que deseemos lo contrario, recuerde firmemente esto: las sillas cuadradas no encajan con las redondas.

Cuando se le presente una situación negativa, así le llamo yo, porque un problema es el que no se puede resolver, y en ese caso sería la muerte, debemos actuar de la mejor manera, siguiendo estos pasos, los cuales fui aprendiendo durante mi profesión. Recuerde que no puede transformar la arena en oro; es imposible. Si no podemos encontrar la manera de resolver una situación negativa, entonces busquemos alguna forma de resolver gran parte de esta; hasta en las condiciones más difíciles se puede conseguir hacer algo proactivo.

Vamos a concentrar toda su atención en buscar algo que nos ayude, y luego ir a la acción, cueste lo que cueste. La acción es lo que da consistencia a una meta sobresaliente. Los grandes líderes no están orientados a los problemas, sino que están enfocados en las oportunidades. Incluso, cuando las cosas parecen adversas, ellos se concentran en lo que pueden hacer, no en lo que no les es posible. El liderazgo no es un lugar, sino un camino. Lo invito a que ponga su atención en lo que realmente lo apasiona. Para los líderes que no están enfocados en los problemas estas situaciones son como una sopa de letras, y puede que haya palabras que no conozcan y no ven, pero incluso aunque sepan sólo una, siempre pensarán que es un primer paso en la dirección correcta. Por favor, siempre dé el primer paso en una situación negativa, repito, cueste lo que cueste.

Las investigaciones realizadas por los expertos sobre la toma de decisiones han demostrado que la mayoría de las personas consideran pocas opciones, sobre todo si la situación resulta complicada. Recuerde siempre esto, hay cosas positivas para hacer, pero para verlas es necesario focalizar debidamente la atención y escuchar plenamente, sin ruido mental. Esta es una regla a seguir bastante básica. Ejemplo, cuando tenga una situación bastante alta, debe obligarse a hacer una lista de cosas que lo ayuden a salir de esta, y no importa la cantidad, como: "¿A quién puedo llamar?", no sea orgulloso, llame a quien deba hablarle; "qué cambios puedo hacer para que no vuelva a pasar esta situación" y "¿qué más puedo hacer para ir viendo las mejoras de la situación?".

Cuando empiece a medir el liderazgo en situaciones muy negativas, debe mantener la calma y ser muy metódico; esto es lo que distingue a los líderes de los liderados. Por favor, le ruego leer esto tres veces seguidas y mentalizarlo todo el tiempo. El control de las situaciones negativas no se aprende en un aula de clases o en alguna otra parte, sino en el día a día desde mucho antes de que sea un líder de un equipo de trabajo; se irá formando poco a poco, en esos casos donde se preguntará, incluso, dónde estoy metido, qué pasó, por qué estoy metido en esto. Y querrá dejar o abandonar el puesto, inventando cualquier excusa barata.

Le comparto algunos principios que pueden ayudarlo en el control de las situaciones negativas: 1. Mantenga la calma. 2. Desglose la situación en varias partes y que sean manejables. 3. Analice muy bien si puede resolver, por lo menos, una parte de la situación y revise sobre la existencia de opciones que quizás aún no haya pensado. Recuerde, primero piense, haga la lista y vaya a la acción. Ponga en práctica estos consejos, los cuales me han ayudado a establecer y a mejorar situaciones de las que nunca pensé me iban a pasar; sea optimista siempre.

Entiendo claramente que el pasado es pasado y que no debemos buscar nada en él, incluso eso nos podría frenar en el momento que lo pretendemos. Sin embargo, cuando tenga que afrontar una situación negativa, pregúntese si alguna vez se enfrentó algo por lo que está pasando en estos momentos, y probablemente puede ser que sí. También reflexione sobre qué aprendió sobre esa situación a pesar de que el resultado haya sido negativo; hoy es un nuevo día. Una vez que aprenda del pasado ya no es necesario traerlo al presente, a menos que sea para un propósito predeterminado. Recuerde vivir la vida día a día; regularmente tenemos exceso del pasado o del futuro y dejamos a un lado la importancia de centrarse en el presente. Atención, cuando esté en una crisis, no debe invertir mucha energía en ninguna de los dos.

Los controles de las situaciones negativas deberían ser muy claros. Utilice su gran experiencia para orientarse en la acción positiva que va a tomar, pero no olvide que está viviendo en el aquí y en el ahora. El pasado es un recurso en que se puede consultar una tragedia mal vista. Cuando se encuentre en una situación negativa, tendrá que dejar el ego, repito, dejar el ego, y mantener una actitud de humildad, así como la tiene durante todo el tiempo. ¿Por qué?, porque líder sin humildad no tiene resultados de alto rendimiento, sino promedios.

Es necesario pedir apoyo cuando hay una situación negativa; por lo general, empieza un aislamiento, el cual será difícil de solventar por su naturaleza, ya que es común que los líderes sean renuentes a pedir apoyo sobre una situación difícil. Si usted es de las personas que sienten que pedir ayuda reducirá su liderazgo, por favor, retírese y renuncie al puesto; si no, aprenda a resistir esa tendencia de humildad. Llamar para pedir apoyo en una situación negativa alta es de suma importancia para usted y para su equipo de trabajo, pues aparte de que resulta esencial para tomar una decisión, también lo será para afrontar el inevitable estrés emocional que tendrá si no saca un kilo de humildad de su arrogante puesto como líder de equipo.

Si está afrontando momentos difíciles, por el amor de Dios, hable con alguien de su entera confianza sobre sus pensamientos, la toma de decisiones y, lo más importante, sobre sus emociones, ya que si se guarda estas, en automático bloquearán sus decisiones y su capacidad de liderar con eficacia la situación. Si se concentra exclusivamente en la situación que está pasando, terminarán cansados el resto del equipo y usted. Debe buscar a una persona en quien confíe y pídale apoyo, sólo así procederá con la mente abierta y con un corazón totalmente sano. El verdadero liderazgo no es una cuestión de prestigio, estatus o poder, sino de responsabilidad. El liderazgo en una empresa significa hacerse cargo de un problema, analizarlo, asumir de forma personal la responsabilidad y tomar la decisión adecuada. Más allá del cargo que una persona posea dentro de una organización, el liderazgo se demuestra con las acciones; por sobre todas las cosas siempre debe ir a la acción, esto será la única fórmula que encamine el rumbo y las respuestas que se requieran para solucionar las situaciones negativas. El liderazgo es la actitud personal que se adopta ante los problemas que surgen en el día a día de las empresas. Implica asumir la responsabilidad del crecimiento de estas, de mejorar la situación, de afrontar retos para mejorar. Ser líder no significa que en su empresa (colaboradores) le tengan miedo, pero tampoco que sea popular y apreciado. Es ayudar a sus colaboradores a cumplir sus objetivos; repito, a cumplir sus objetivos para que ellos lo ayuden a cumplir los suyos; es ver lo mejor de cada persona y recompensarla, pero también ser fuerte y valiente cuando sea necesario. Es afrontar las situaciones negativas con responsabilidad, ser justo, hacer lo correcto y obtener resultados sólidos. Analice esas palabras muchas veces en su cerebro. Resulta preferible hacer lo correcto antes que lo popular. A veces llevar a cabo lo correcto implica salir constantemente de nuestra zona de confort y nos obliga a tomar decisiones difíciles.

Es preciso y de gran importancia hablar con franqueza, hacerles saber a sus colaboradores lo que están haciendo mal, pero a solas, nunca corrija a nadie delante nadie; eso no aplica. No permita que piensen que hacen bien las cosas si no es así, pero dígaselos desde una posición de verdad, justicia y equidad. Ser paternalista con los colaboradores es ser injusto con ellos, les impide desarrollarse y crecer profesionalmente y denota su falta de liderazgo. Si un colaborador no aporta valor en la empresa que justifique el coste de su sueldo, lo mejor para todos es que deje de formar parte de la empresa. Habrá personas que critiquen esa decisión, pero no debe hacer caso; si toma en cuenta las críticas negativas, perderá su condición de líder.

Libérese de miedos internos y barreras mentales, y haga siempre lo correcto, no lo que resulte más cómodo. El liderazgo requiere ser mejor cada día, ir madurando y tomar las mejores decisiones; la mediocridad es para los demás. En muchas organizaciones se ve como líderes a individuos que tratan de destacar, que intentan hacerse notar, que se venden como tales, pero si se sabe rascar la superficie, podremos comprobar que los verdaderos líderes permanecen en la sombra, asumiendo la responsabilidad de los errores del equipo y atribuyendo los éxitos a todos los miembros de su equipo. "Cree en ti mismo, y tu reto más grande será poder contagiar a todos los colaboradores".

En mi mundo no existe una clave para el liderazgo, y no lo es la motivación, como comúnmente se piensa, debido a que esta sólo dura algunas horas. Sé que algunos no me van a entender, incluso no van a estar de acuerdo conmigo, pero quiero expresar lo que a mí me ha funcionado. El compromiso por continuar, por integrarse a la organización y permanecer en un equipo se logra gracias a la confianza que el líder logre forjar con los colaboradores. La empatía y el carisma de un líder son dos factores de suma importancia. Entiéndase como carisma no chistoso, no cómico, el sabroso, o el típico "me las sé todas"; eso no. Siempre ha existido motivación negativa en las organizaciones, en el pasado, en el presente y en el futuro, ¿por qué?, porque va ligada a los valores como persona, los que aprendiste en tu casa, con tu familia, y viste modelar desde muy pequeño, con tus padres o con las personas que creciste. Aquí sí hay una combinación perfecta, ya que esos patrones de conducta en algún momento están presentes en nuestras conversaciones, resolución de situaciones, entrenamientos y capacitaciones de colaboradores. Hablar con gritos solía ser sinónimo de tenacidad, fuerza; ser obstinado, de conocimiento y superioridad; la predisposición, de discutir. Espero que estos tiempos lleguen a su fin algún día y le pido, con mucho ímpetu, que en su desempeño como líder comprometido se asegure de que eso nunca le pase; de lo contrario, no será un ser humano, sólo será un jefe. "El comportamiento viene primero, y las capacidades ocupan el segundo lugar. El líder es un faro".

¿Sabe en qué momento comienza a liderar?, cuando lo ven como un apoyo, cuando pasan de evitarlo a buscarlo, cuando lo respetan en vez de temerlo. Lograr lo anterior es sencillo, y para lograrlo invito a que vuelva a leer de nuevo desde donde dice "En mi mundo no existe una clave para el liderazgo...", y repetirlo las veces que sean necesarias. Ese ejercicio lo ayudará mucho a entender que realmente es sencillo. El proceso del cual estamos hablando empieza cuando cambiamos la pregunta que nos hacemos, cuando en vez de preguntarnos qué queremos de nuestros empleados (término que no debe usar, pues empleado proviene de emplear, darle el empleo. Una vez que califican, pasan a hacer colaboradores, con los cuales llevará a cabo las tareas en conjunto). Mejor preguntémonos qué deseamos para nuestros colaboradores. Una sola palabra cambia todo el significado, el contexto y la mentalidad. Cambiar el "de" por el "para" da un nuevo sentido a lo que se realiza. Cuando piensa en "de", está poniendo el foco en usted mismo; y cuando piensa en "para", lo está haciendo en ellos. Si lo analiza bien, verá que al final se persigue lo mismo, pero desde una perspectiva y enfoque opuesto. Lo reto a que ponga por escrito lo que quiere de sus "empleados"; recuerde que no son esto, sino colaboradores. Cuando se centre en lo que desea para ellos, el objetivo de la empresa tomará una nueva dimensión, la inspiración de ellos crecerá y usted empezará a obtener eso que quiere de sus colaboradores sin pedirlo, y además lo entregarán voluntaria y gustosamente. Por supuesto, será en su propio beneficio.

Acaba de hacer realidad el famoso ganar/ganar. Si ha realizado lo que le he sugerido, ¡enhorabuena!, acabas de comenzar a liderar a su equipo desde el servicio. Prosiga con ello. Pensar en su equipo y liderar desde el respeto, el crecimiento y la preocupación por ellos hará que esté haciéndolo desde la persona que es usted, no desde el cargo que ocupa. Recuerde, lidere siempre pensando en qué puede hacer usted por su equipo, en vez de su equipo por usted.

Capítulo 6
Adaptabilidad a los procesos

[La única manera que tenemos de
demostrar que podemos alcanzar
un objetivo es alcanzándolo]

La adaptabilidad es la capacidad de responder adecuadamente a las exigencias del entorno regulando nuestro comportamiento para lograr un estado de equilibrio psicológico. Suena bastante fácil en la lectura. La situación comienza cuando entras en acción.

Siendo previsor, contemple distintos escenarios, cuando planifique algo debe hacerlo previendo varias posibilidades. Observe su entorno e identifique las señales de cambio. Tenga una actitud positiva ante esos cambios. Hay que aceptar la incertidumbre como algo que va a suceder continuamente; se debe contar con una mentalidad abierta ante situaciones para las que no estaba preparado, lo que nunca había experimentado. ¡Esto no es nada fácil en el ser humano!, porque siempre estamos pretendiendo la comodidad, no salir de nuestra caja de confort. Y repito, no está mal; sólo si queremos algo mucho mejor debemos salir de esta y adaptarnos a la primera oportunidad.

Cuando uno está ante una nueva situación, se viene a la mente algo que realmente no se puede controlar, la incertidumbre. Sin embargo, estamos intentando saber por qué es difícil adaptarnos. Para eso propongo no invertir energía en pensar en la difícil y complicada incertidumbre; lo mejor es dejarla a un lado e ir a la acción por sobre todas las cosas, y que venga lo que venga. Arriesgarnos, no importa lo que suceda; el lema debe ser hacer las cosas sin miedo. Deberá crear y adaptar sus propios métodos; sea flexible, confíe en sus capacidades y desarrolle nuevas habilidades constantemente, ojo, constantemente.

Esto dependerá mucho de lo que se fije, y podrá resultar un problema o una oportunidad para seguir mejorando (tome la mejor decisión).

Confíe en su capacidad de aprendizaje, porque gracias a esta somos capaces de cambiar nuestra manera de actuar, pensar o sentir.

Busque siempre soluciones viables, no sirve de nada quedarse anclado en un problema. Entonces, una vez revisados los objetivos, debe buscar soluciones que lo ayuden a alcanzarlos. "Si busca resultados distintos, no haga siempre lo mismo". Aquí aplica lo que mal llamamos la caja del confort, como decía Albert Einstein. Conviértase en el motor de cambio. ¿Quién? Usted. Ya que esta es la función del líder, ser motor de cambio para poder ayudar a inspirar a los demás a ser flexibles. Si se rodea de personas flexibles, le resultará más fácil serlo. (Atención, rodéese de gente flexible.)

A continuación, comparto algunas combinaciones que me han ayudado a adaptarme en el mundo laboral: 1. Actúe con mucha prudencia. 2. Realmente debe ser un jugador, el cual aporte al equipo. 3. No aparente ser muy inteligente y sabelotodo. 4. Cuide la imagen que está proyectando. 5. Debe tener claro cuál es su misión dentro de la empresa. 6. Relaciónese con sus compañeros de la manera más humilde. 7. Por favor, no se quede con dudas; resuélvalas con sus superiores. 8. Pida retroalimentación para saber qué se está haciendo.

La adaptabilidad en el liderazgo no consiste sólo en manejarse con el cambio y la incertidumbre, sino que también conecta con los valores que hayamos aprendido en nuestra infancia, así como nuestros patrones de conducta; tema del cual nos cuesta mucho hablar o aceptar cuando no tenemos alineados esos valores y patrones con la nueva organización. Vea la adaptabilidad como un área de oportunidad, como un desarrollo personal. ¿Por qué?, porque al ser humano le cuesta mucho salir de sus zonas cómodas, como lo decíamos en el párrafo de arriba. La adaptabilidad es una de las habilidades básicas de un líder en cualquier ámbito, administrativo, operativo y, el más complicado, el digital. En el actual entorno de cambios tecnológicos constantes, las capacidades de adaptabilidad y flexibilidad se desmarcan como dos habilidades imprescindibles de los líderes en esta nueva era. ¿Cómo se implementa la adaptabilidad siendo tú un agente de cambio en una organización?

Adaptarse significa ser capaz de transformarse, como líder debe ser capaz de adaptarse primero a la organización y luego al equipo que va a liderar. La adaptabilidad es la capacidad de congeniar con las diferentes circunstancias del entorno que lo rodea. De aquí que el valor de la intervención humana en el contexto actual radique más en su capacidad de resolver sus problemas de forma creativa y adquirir nuevas habilidades para adaptarse que en sus habilidades innatas. Las personas con adaptabilidad tienen la capacidad de permanecer enfocadas en sus objetivos mientras que siguen controlando muchas situaciones, incluso negativas. La incertidumbre es un factor esperado y muy incómodo. Sea flexible a los nuevos desafíos y sea capaz de adaptarse a los cambios repentinos.

Transición a los diecinueve años

A la edad de diecinueve años empecé a viajar por varias ciudades dentro del país. Los primeros viajes fueron a conocer hoteles y cómo se tenía que hacer; luego fui a una isla maravillosa, en la cual permanecí durante un año trabajando en el área operativa de un hotel. Regresé a mi casa y debí salir del país por segunda vez a trabajar nuevamente, entre los veintiuno y veintidós años; en esos momentos estaba en plena transición entre dos estilos de vida: una era quedarme con mi papá trabajando con sus negocios y vivir en un estado de confort bastante interesante, como lo estaba haciendo intermitentemente. Necesitaba dejar ese modelo de comodidad y encontrar mi propio camino, desarrollando mi creatividad y forjando la base de los cimientos del liderazgo actual.

Cuando yo tenía diez años, mis padres decidieron separarse, y este hecho me hizo sentir en carne propia los sentimientos de soledad e incomprensión propios de la situación. A pesar de eso, pude ver en mi papá, con el cual me quedé, todo un ejemplo de lucha y superación personal, y con su fortaleza supo transmitirme los valores que me han servido para forjar mi personalidad y mantener siempre los pies sobre la tierra. Mi padre ha sido mi guía. Me educó con grandes valores y, sobre todo, con mucho amor.

Todos los procesos de cambio –aunque sean positivos– empiezan con la finalización de una etapa y asunción de una pérdida. Aceptar tal hecho y ser consciente de esto es la clave para adaptarse al entorno. He definido con gran claridad los sentimientos que me han acompañado en cada uno de los grandes cambios que he vivido, dejando entrever un elevado nivel de conciencia; esta es el puente que nos transporta desde el pasado al presente, para adaptarnos a este.

Cómo pasar de la abundancia a la escasez de compañerismo, familia, amor y no morir en el intento… Cuando empezaron los años fuera de mi casa, al principio todo era color de rosa, nuevo país, nuevos alimentos, nuevas culturas, nuevos amigos y muchos nuevos colegas; así transcurrió el primer año de trabajo. Al pasar el tiempo empecé a subir de puesto y a tener nuevas responsabilidades poco a poco, y muy lentamente, incluso hasta premios como colaborador muy destacado en lo que estaba haciendo. Pasé de tener todo en mi casa en tan sólo un pestañar de ojos a un lugar donde tenía que sobrevivir solo en todos los sentidos; a vivir en propia carne la escasez de pasar unos cuantos años de enseñanza y mucha incertidumbre, tanto a nivel laboral como personal, fueron de fortalecimiento en ambas áreas.

Mi capacidad de ser resiliente me permitió superar esos momentos difíciles y salir fortalecido. Tuve que luchar contra mi mente y cambiar mis pensamientos para adaptarme a mi nueva realidad. Mis pensamientos de ese momento crearon mi realidad actual. Fui capaz de sobrellevar día a día y poner todo mi esfuerzo para que mis emociones no decayeran; yo sabía lo importante que era aprender y adaptarme para reafirmar mi autoestima, mi confianza y mi independencia. Mi adaptabilidad a esa situación me dio la fuerza mental para seguir creando y encontrar mi camino. La adaptabilidad y mi flexibilidad se convirtieron en una de las habilidades más demandadas en el mundo corporativo, ya que los líderes de hoy deben enfrentar constantes cambios en su entorno. La velocidad a la que avanza la tecnología, la globalización y la orientación al servicio a los clientes hace que las empresas sean más vulnerables a su entorno.

En mi perfil de redes sociales se puede leer cómo soy… sin matices, ni peros ni comas. Mi gusto por la bicicleta, por los vinos, la lectura y el servicio al cliente los practico con mucha pasión, los cuales son pocos comunes, pero tremendamente ricos en sensaciones. El Miguel de hoy es un hombre fuerte, capaz de llevar la vida que le gusta; trabajo en lo que me apasiona, y nutrirme de magníficas relaciones personales me ha ayudado mucho a seguir creciendo como persona. Las habilidades que más me definen son creatividad, adaptabilidad, inquietud, personalidad y autenticidad; mis ideas fluyen desde mi interior y me atrevo a convertirlas en realidad sin tener miedo. Sin embargo, soy totalmente consciente de lo importante que es mantener el equilibrio emocional y sé cómo las emociones afectan mi trabajo, mi creatividad y mi vida personal. Por eso cultivo mi mente con mucha salud emocional y alimenticia, así podré cautivar a las personas que me rodean.

La verdadera clave de un trabajo en equipo es la adaptabilidad y la participación efectiva de todos los colaboradores, y esto comienza con el cambio; movilizar los recursos humanos para mejorar los resultados que corresponden a la productividad, calidad, creatividad e innovación. Los cambios implicados van hasta el propio corazón del trabajo en equipo. Ya no se puede suponer que se va a lograr un buen trabajo en equipo con tan sólo reunir al suficiente personal con talento para realizar una tarea común, ni siquiera aunque los objetivos sean claros. Ejemplo, siempre nos referimos a los deportes cuando queremos hablar sobre lo que es trabajar en equipo; muchos equipos han fracasado, y eso está muy bien, más bien visto, en lugar de rendir satisfactoriamente, a pesar de haberse realizado todos los esfuerzos posibles por reunir al mayor número de grandes figuras. La combinación no era la adecuada, las figuras eran incapaces de integrar sus esfuerzos para conseguir el objetivo primordial de la victoria del equipo.

Hoy día el tipo de afinidad parece faltar en muchos equipos empresariales. Por supuesto, el talento individual es indispensable para el éxito de cualquier organización; sin embargo, quizá por primera vez en una amplia escala las empresas están empezando a darse cuenta de que su talento está siendo, en el mejor de los casos, frecuentemente desperdiciado. Recuerde esto, el único factor que puede establecer la diferencia del verdadero trabajo en equipo es la adaptabilidad y la participación de todos los colaboradores de la empresa, todos. Los de arriba son los primeros que deben de, después los de abajo y de ambos lados del organigrama.

No es tan fácil como se lee, pero todo comienza desde usted como líder del grupo; todo recaerá sobre usted, es el único responsable de mantener la actitud correcta todo el tiempo. Sin embargo, una cosa es saber qué resulta importante para producir cierta mejora, y otra totalmente distinta llevarlo a efecto. La excelencia en el trabajo en equipo se ha estudiado en muchas empresas; sus estilos, líderes, miembros y grupos laborales. A veces nos encontramos con equipos que trascienden las limitaciones organizativas para obtener resultados que excedían en mucho las normas de la empresa. Y resultaba muy intrigante qué era lo que propiciaba un rendimiento tan superlativo y qué podrían hacer para que otros grupos lo emularan.

¿Y sabe qué era?, que las personas con alto rendimiento no significan que sean productivas, sino que sólo son aquellas que tienen resultados por encima del promedio. ¡Fascinante, ¿no?! La importancia del papel del líder, por lo general, la cuestión reside en el propio liderazgo o en el estilo ya existente en el equipo. Los grandes líderes normalmente proporcionan la visión de las posibilidades futuras. Es un aspecto esencial del liderazgo. Sin embargo, otra dimensión igualmente importante del liderazgo es asegurar el trabajo en equipo.

Las estrategias más actuales para llevar esto a cabo incluyen la utilización de poder para formar conformidad, el uso de compensaciones para moderar la resistencia y el empleo de la negociación para alcanzar una posición cercana a la ideal. Resulta más eficaz suscitar la participación de los colaboradores en la creación de los objetivos que imponer dichos objetivos al equipo. Esta participación otorga a sus miembros cierta sensación de propiedad. Parece una solución simple, pero exige que el líder y los demás miembros del equipo se sirvan de capacidades que acaso no posean, sobre todo, técnicas de participación. Preste mucha atención a estas líneas, si el líder no ha dado una visión clara, el equipo se limitará a sobrevivir e irá a la deriva. Esta visión puede existir en su totalidad o parcialmente en la mente de diversas personas, pero no las normas de estilo del equipo que se oponen a que emerja.

Para explicar un poco la importancia de lo que significa la adaptabilidad pasemos a lo que es el trabajo en equipo. ¿Por qué?, porque si no tenemos una adaptabilidad en las primeras veinticuatro horas a la empresa que lleguemos, entonces no podremos trabajar en equipo. Repítalo, no podrá trabajar en equipo y terminará siendo de un grupo –lo cual no está mal, pero ese no es el enfoque–. Escuchar a mis exjefes, mentores y colegas hablar de equipo de trabajo estaba muy lejos de la realidad; muchos se enfocaban en dar un *briefing* por la mañana una vez a la semana y simplemente escuchar algunos detalles de las logísticas del día, lo cual no es ni 20 % de lo que debe hacer un líder de equipo de trabajo. Tuve un jefe que sólo hacía un *briefing* una vez a la semana (y nos veíamos cada ocho días), en lo cual no existía comunicación, influencia ni respecto al equipo de trabajo.

Acaba de leer lo que significa para mí ser un líder de grupo y sus principales características. El comportamiento del líder será el indicador, guía, camino, resolución de situaciones, forma de organizar, manera de cómo desarrolle el trabajo con todos los integrantes del equipo laboral. Podríamos escribir un libro sobre la importancia y entendimiento de que todos van a caminar al ritmo del líder. Entonces, hablemos mejor de la importancia y peso que tiene la forma de ser del líder principal; repito, casi todo dependerá y arrancará de ahí.

¿Qué cambios se han producido en la forma de organizar el trabajo? Aunque si bien es cierto que todos estos cambios sociales y técnicos tienen su incidencia en los modelos de organización de las empresas, la realidad nos hace ver que las relaciones dentro de las corporaciones van un paso por detrás de la sociedad en general. Este es quizás el principal motivo por el que muchas empresas no son capaces de sobrevivir a épocas de grandes cambios, como por ejemplo la actual, donde la globalización ha incrementado el nivel de competencia. Los principales cambios que se han producido tienen que ver con la estructura de recursos humanos de las empresas, es decir, con el organigrama y, sobre todo, con la definición del método de relación entre cada uno de los miembros de ese organigrama.

El trabajo en equipo es una labor que se lleva a cabo a través de un conjunto de integrantes que tienen un objetivo común, aunque cada uno desarrolle sus tareas de forma individual para conseguirlo. Los equipos se crean para aportar conocimiento, compartir información, criterios y para conseguir un objetivo común gracias a las tareas que desarrolla cada miembro. Lo que pretendemos intentar es conseguir a la hora de trabajar en equipo es unir esfuerzos y aptitudes, maximizar estos y trabajar en disminuir el tiempo de ejecución de tareas (es lo más importante a la hora de trabajar con equipos de trabajo).

Cuanto mayor sea el entendimiento y la cohesión entre todos los miembros del equipo, mejores resultados se obtendrán con la puesta en práctica de sus trabajos. Entonces, los equipos de trabajo deben tener ciertas características principales, de las cuales voy a compartir las más importantes. Todo líder debe tener una comunicación bastante fluida, y para eso requiere empezar compartiendo los objetivos de la empresa de la organización; es tener la claridad de los que se pretende conseguir con el trabajo en equipo (preste mucha atención a lo que proponga y diga). Ganas de cooperar; si un miembro no tiene claro que cooperar es indispensable para llevar a buen puerto el trabajo en equipo, entonces puede haber problemas. Cada miembro debe sacar adelante su trabajo y potenciar al máximo sus tareas, pero también debe estar pendiente del resto y mostrar interés por ayudarlos, si fuera necesario. Visualización positiva de los objetivos; hay que tener una mente positiva y abierta, visualizar el éxito y tratar de conseguirlo. Las opiniones diferentes y variadas son bienvenidas (y deben ser aceptadas, no juzgadas), pero lo ideal es concretar un camino a seguir por parte de todos los miembros del equipo y que se siga este con miras a conseguir el éxito que se pretende. Comunicación fluida; es importante destacar este concepto, ya que la capacidad de comunicarse abiertamente será indispensable para el buen funcionamiento. Manifestar opiniones, valoraciones, preguntas, críticas, dudas y cualquier tipo de cuestión será bienvenido por el bienestar general. Compartir destrezas; esto dará valor al trabajo que se lleva a cabo. Si alguien es bueno en algo en concreto y otro miembro necesita ayuda sobre ello, compartir información y ayuda al respecto potenciará el valor del equipo. Reconocimiento entre los miembros del equipo; apreciar el trabajo de los compañeros es muy motivador, y una recompensa para seguir llevando a cabo las tareas de forma exitosa. El ejemplo del líder: un equipo de trabajo puede ser capitaneado por un líder, pero siempre debe ser alguien que estimule, inspire, más que motivar y ayudar en todo momento. Potenciar las ideas y la creatividad; fomentar la creación de ideas y la puesta en práctica de técnicas creativas es algo indispensable y que permitirá resolver también problemas que vayan surgiendo durante el desarrollo, ya que los colaboradores son los que están en la línea de fuego.

Ahora veamos cuántos tipos de equipo de trabajo existen, veamos los fundamentales, los que van a marcar la diferencia en su organización. Los muy tradicionales: son las distintas áreas funcionales de una organización. Es, como su nombre indica, un equipo tradicional, del que se espera que cumpla con los objetivos planteados, encargados por un jefe que los lidera. Los muy informales: son equipos que nacen con un determinado fin social. Un malestar en la empresa o una situación que genera conflictos podría dar lugar a un equipo informal. Creado al amparo de la organización, con el fin de solventar dicho asunto. Los que les dan resolución a los problemas: surgen ante un suceso imprevisto que afecta a la empresa. Por lo general, estos equipos son multidisciplinarios, lo cual implica analizar mejor la situación por los campos que cubren. Los equipos de liderazgo: son equipos compuestos por los distintos líderes, o directivos, que contiene la organización. Sus reuniones abarcan las diferentes áreas de la empresa, tratando de lograr un objetivo común entre todas. Los equipos virtuales: como su nombre refiere, equipos que se sirven de la tecnología para realizar sus reuniones y mantener su relación. Por norma general, son equipos en los que las tareas de cada uno están muy bien definidas y no son interdependientes entre sí. Los equipos autodirigidos: aquellos que no requieren un jefe o un líder que los guíe, sino que es más una unión de profesionales de un mismo nivel a los que se le encarga una tarea común, la cual deben cumplir trabajando todos en equipo.

Considerando los diferentes tipos de equipos que tenemos en una organización podemos entender que la única fórmula y camino de llegar a los objetivos y metas es trabajando en equipo. Debemos saber que el trabajo en equipo aporta beneficios a la empresa en muchos aspectos. Así, cuando se trabaja de esta manera de forma eficiente, muchas variables que inciden en la empresa se ven afectadas positivamente. Estas variables se deben tener muy en cuenta porque podrían ser las siguientes: mejora el clima laboral, mejora la motivación de los colaboradores y su compromiso, mejora la productividad en la empresa, menores conflictos de interés al perseguir todos los mismos objetivos, mayor aceptación de las decisiones adoptadas al existir un consenso.

Se fortalecen las relaciones entre los miembros de la empresa. Crea sinergias entre los colaboradores. Refuerza a las empresas ante los cambios que se dan en la operativa, o en el sector. Hay una mayor transferencia de conocimientos y el *know how* entre los miembros. Los equipos multidisciplinarios hacen que sus miembros se retroalimenten de un conocimiento muy extenso y diverso. Despierta el liderazgo y las habilidades blandas de los miembros del equipo. Hay más puntos de vista, por lo que se reducen los riesgos. Fomenta la responsabilidad individual de los individuos. También es posible revisar con mucho detenimiento los posibles fallos que impiden el buen desarrollo del trabajo en equipo, y nombro algunos muy comunes en las organizaciones: pensar individualmente, no de forma grupal. Está claro que cada miembro lleva a cabo sus tareas, pero es necesario tener un pensamiento colectivo e interés por el objetivo común entre todos los participantes del equipo. Si esto no sucede, se puede perder la visión original y fomentar la individualidad.

El liderazgo totalmente erróneo: el más complicado y en el que los grandes dueños, inversionistas de empresas, contratan a personas sin saber de dónde vienen o por amiguismo (es terrible). El líder debe ser un buen ejemplo, si por el contrario, tiene una actitud arrogante, dominante y poco motivadora será un problema para el equipo. Recuerde esto, la organización se va a mover de acuerdo con la actitud del líder. Metas poco claras: tener claridad en los objetivos y en el plan de acción es indiscutible. Si esto no está resuelto desde el principio, puede dar lugar a numerosos problemas.

Siempre que hablamos de ejemplos de trabajar en equipo nos referimos a un conjunto de algún deporte, y en este caso veamos uno de un equipo de futbol. Pensemos en el equipo llamado Todos

Podemos. En el club, desde el presidente hasta el limpiabotas, persiguen un mismo objetivo: ganar títulos. Para lo cual, cada uno saca su trabajo adelante; el objetivo principal es que los jugadores, trabajando estos en equipo también, logren el cometido propuesto: ganar la liga, por ejemplo. Arriba comenté desde el limpiabotas (ojo, cuando digo todos, son todos), no importa el rango. Otro ejemplo muy claro lo encontramos en los departamentos de policía. En la policía, cuando investiga un caso, colaboran numerosos investigadores para encontrar la respuesta al crimen que se ha producido. Gracias a la colaboración entre estos, y en ocasiones a la ciudadana también, logran encontrar al culpable de dicho crimen y, todos juntos, meterlo a la cárcel para que pague por sus delitos. Como sabemos, para que esto se produzca, la policía debe coordinarse y trabajar en equipo, realizando controles, investigando el escenario del crimen, revisando bases de datos, para lo que deben estar coordinados. Además de los mencionados, podemos citar más ejemplos, entre los que destacan los bomberos, los miembros de un equipo ciclista, el coro de una iglesia, un grupo de actores, así como numerosos sectores y actividades, económicas y no económicas, en las que el trabajo en equipo es la característica esencial.

Para ayudarlo a tener una mejor comprensión acerca de este proceso tan crucial para una organización en este capítulo comparto en qué consiste y cuáles son sus principales ventajas.

¿Qué es el trabajo en equipo en realidad? El trabajo en equipo surge de la necesidad de mejorar rendimientos, actitudes y la lealtad del grupo de trabajo, y ocurre cuando un grupo de personas tratan de cooperar, utilizando sus habilidades individuales y aportando retroalimentación constructiva, más allá de cualquier conflicto que en lo personal pudiera haber entre los individuos. El trabajo en equipo fomenta sentido de lealtad, seguridad y autoestima, lo cual satisface las necesidades individuales de los integrantes del equipo, valorando su pertenencia, esforzándose por mantener relaciones positivas dentro y fuera del equipo. Se transforma en un nuevo estilo de vida que involucra a los demás compañeros de trabajo e, incluso, a la familia.

Y pienso que lo que se requiere para lograr el trabajo en equipo que impacte y sea de alto rendimiento, y realmente dé resultados en el clima organizacional, es tener ciertas características que vamos adquiriendo desde que comenzamos a trabajar por primera vez en la vida. Ya que en la escuela, preparatoria y universidad no enseñan nada de lo que aquí estoy compartiendo.

- Compartir nuevas ideas y dar soluciones.
- Aportar opiniones, ofrecer información y hechos relevantes.
- Coordinación y cooperación en las actividades de todos los miembros.
- Empatía; comprender al otro, apoyar ideas distintas a las nuestras, interesarse por las ideas de los demás y desarrollarlas.
- Diferencia entre el trabajo en equipo y el trabajo en grupo.

Al trabajar en grupo, las personas se reúnen para realizar un determinado proyecto; importa el fin, no el proceso. Se reparten tareas y existe muy poca o nula participación en la toma de decisiones colectivas. Mucha, pero mucha tolerancia es lo que hablábamos al principio de este capítulo. Al no estar involucrados con la planificación del o los objetivos, los individuos que trabajan en grupo, no en equipo, se centran primordialmente en sí mismos, en su productividad para la realización de la tarea que les ha sido asignada. No se comprende el rol que cumple cada uno en el desarrollo del objetivo final. Suele ocurrir que, si los objetivos personales son incompatibles con los del equipo organizacional, se reduce la cooperación, ocultando información y disminuyendo la participación. En cambio, cuando se logra trabajar en equipo, la unión de intereses y objetivos fomenta una cohesión o grado de atracción hacia el equipo que disminuye los conflictos, y si surgen, se tratan de manera positiva, con buena comunicación y con la oportunidad de que cada miembro del equipo participe en las decisiones a tomar.

Todo esfuerzo que se haga con nuestros colaboradores nos va a bridar muchas ventajas, las cuales nos trae varios beneficios y las refiero: compartir situaciones de convivencia diaria y el desarrollo de las metas propuestas por la organización. Hablar de intereses comunes, aunar estrategias, metodologías, procedimientos y técnicas para el logro de los objetivos que se tienen en conjunto dentro de la empresa. Aumentar el sentido de pertenencia hacia el papel que los colaboradores se comprometen a realizar para lograr los objetivos que ayudan a crear. Contar con personas que se organizan para el logro de uno o varios objetivos en común, siendo factor clave en esta unión que los intereses y objetivos personales sean compatibles con los objetivos del equipo y, por ende, de la organización.

Con la unión de intereses del equipo se concretan comportamientos que lo mantienen como un sistema social que busca evitar enfrentamientos emocionales y conflictos, favoreciendo las relaciones interpersonales y aportes para el trabajo a largo plazo. ¿Cuál es la importancia del trabajo en equipo? Los constantes y competitivos cambios en el mercado llevan a las empresas a situaciones a veces extremas, en que la necesidad de hacer más con menos y contar con equipos formados por menos colaboradores, más cualificados y con mayores niveles de responsabilidad, resulta un verdadero reto.

Tener los mejores recursos humanos y orientarlos hacia el logro de los objetivos globales son desafíos fundamentales que determinarán el éxito de una organización. En este punto debemos considerar trabajar en equipo, como una filosofía de funcionamiento organizacional, como respuesta, en primera medida, al reto de la productividad. Fomentar el espíritu colaborativo y la identificación de las personas con los objetivos de la empresa, logrando la común unión de intereses y esfuerzos, la colaboración y utilización de las habilidades, talentos, formación y experiencias de los integrantes del equipo con el compromiso de cada uno para ser honesto, respetuoso y sabiendo escuchar al otro, son bases indispensables para el éxito o fracaso de la organización.

Para el desarrollo eficaz de estos retos o desafíos es fundamental tener en cuenta el clima laboral imperante en la organización, que no es más que el medio en que se desarrolla nuestro trabajo cotidiano. Su calidad influye directamente en la satisfacción del cliente interno —los colaboradores—, y por lo tanto en su productividad. Determina el grado de motivación, responsabilidad y compromiso. No olvidar reforzar el trabajo en equipo siempre; es de suma importancia que nuestros trabajadores adquieran las habilidades necesarias que les ayuden a superar dificultades, organizar y mantener en marcha iniciativas tanto propias como colectivas, saber manejar y conseguir recursos, conocer las ventajas de trabajar en equipo, tener sentido de responsabilidad personal, colectiva y social. Obtener los mejores resultados, independientemente de la actitud de cada uno de los colaboradores, dependerá de la inspiración que les demos para crear un espíritu de equipo en su vida familiar y laboral. La organización debe formar parte de este crecimiento personal, acompañando los logros individuales y del equipo con ciertas actividades que conlleven el interés y la demostración por cada uno de estos, poniendo su esfuerzo en animar, aceptar y mostrar acuerdo con las ideas presentadas.

Presentar estándares de realización a alcanzar por el equipo o que se usarán en la evaluación del proceso. Ir junto al equipo y mostrar acuerdo en la realización de las ideas de cualquiera de sus miembros que sea efectiva y viable. Buscar armonizar y encauzar los desacuerdos del equipo, buscando congeniar las diferencias. Apoyar la participación de todos, no sólo de los más osados.

Una organización comprometida se enfoca en las ventajas de trabajar en equipo, busca el éxito de sus miembros como parte de su estrategia de formación de equipos de trabajo y basará su técnica en la confianza, alentando a todos ellos a expresar sus opiniones, puntos de vista, desacuerdos y plantear sus dudas, creando un fuerte sentido de comunidad y pertenencia. De esta manera, estaremos preparando el camino para lograr el rendimiento efectivo del trabajo en equipo de nuestra organización, motivando el crecimiento personal y profesional de las competencias básicas necesarias para el logro de resultados.

Así que, alcanzar y mantener el éxito en las organizaciones modernas requiere talentos prácticamente imposibles de encontrar en un solo individuo; las nuevas organizaciones son más planas y con menos niveles jerárquicos y requieren una interacción mayor entre las personas, lo cual se logra con una actitud cooperativa únicamente. ¿De dónde surge la necesidad del trabajo en equipo? De la perspectiva de la calidad y servicio total, de los sistemas integrados de gestión, de las reingenierías y procesos de cambios y de todos los programas de integración que invitan a la participación e interrelación de los diversos sectores funcionales de las organizaciones. Los seres humanos siempre hemos tenido necesidades sociales que tratamos de satisfacer muy a menudo. Un equipo es un grupo de personas que comparten un nombre, una misión, una historia, un conjunto de metas u objetivos y de expectativas en común. Es decir, que un grupo se transforma en equipo en la medida en que logra cohesión, creando lazos de atracción interpersonal, estableciendo normas que gobiernan el comportamiento de los miembros, logrando una buena comunicación interpersonal, trabajando por el logro de objetivos comunes y estableciendo interdependencia positiva entre sus miembros.

Repita de nuevo la última línea que acaba de leer: comunicación interpersonal, algo que no es fácil de adquirir como un hábito, pero que debemos trabajar mucho, todos los días. Siempre necesitamos buscar valores que fortalezcan al equipo constantemente, ¿por qué?, porque quienes creen que un equipo de trabajo deben conformarlo personas con formas de pensar y actuar semejantes, están equivocados. Lo fundamental es que lo conformen individuos distintos.

Cada uno de los miembros del equipo debe aportar ideas diferentes para que las decisiones que tome la organización sean las mejores. Cuando hay diferencias y discrepancias, surgen propuestas y soluciones más creativas. Es similar a un equipo de futbol, en que cada uno ocupa un puesto diferente (defensa, volante, delantero), pero todos dirigen sus energías hacia la consecución de un mismo objetivo. Entendiendo un poco que trabajar en equipo los miembros deben desarrollar valores y habilidades muy importantes como estas:

- Escucha activa.
- Capacidad de seguir normas y reglas.
- Adaptabilidad.
- Respeto mutuo.
- Humildad.
- Tolerancia.
- Habilidades de negociación.
- Compromiso.
- Toma de decisiones.
- Inspiración.
- Manejo efectivo del tiempo.
- Empatía.
- Habilidades comunicativas.

- Relaciones interpersonales.
- Liderazgo.
- Aceptación incondicional.
- Habilidades técnicas.
- Creatividad.

De acuerdo con los dieciocho puntos escritos arriba, los primeros seis tienen la mayor relevancia en este libro, pero antes de buscar el concepto de cada uno, los primeros seis son cruciales en el desarrollo del líder. Sin estos no podrá tener resultados sólidos en ningún equipo de trabajo ni empresa. Y no importa el tipo de negocio, bien sea familiar, personal, corporativo o internacional. Aunque en la actualidad existen líderes que no portan ninguna y siguen durante años en las empresas. No es un mito, sino una realidad. Teniendo en cuenta que es trabajo en equipo, vamos a diferenciar lo que es un grupo de trabajo y lo que es un equipo de trabajo.

Veamos ahora algunas distinciones entre lo que es un equipo de trabajo y lo que es un grupo de trabajo, las cuales en algún momento pueden determinar el funcionamiento de uno u otro, sin necesidad de entrar a juzgar cuál es mejor. Lo que se quiere es hacer una presentación de funcionamiento de cada uno.

El desempeño de un grupo de trabajo es el resultado de lo que sus miembros logran individualmente. El desempeño de un equipo incluye los resultados individuales y lo que yo denomino producto de trabajo colectivo; cualquiera sea el resultado, deberá reflejar la unión y la contribución real de los miembros del equipo. Los equipos se conforman para compartir información, perspectivas e ideas, para tomar decisiones que ayuden a cada persona a realizar los niveles individuales de desempeño. Los equipos producen resultados por medio del aporte intelectual y físico de todos sus miembros, lo cual hace posible que los niveles de desempeño sean mejores (existen cosas que sólo un equipo de trabajo puede lograr). Un equipo funciona como un sistema. Es preciso pensar en este como un conjunto de pequeñas piezas de excelente desempeño, no sólo como un positivo grupo de valores, la esencia de un equipo es el compromiso común, este se convierte en una poderosa unidad de desempeño colectivo. La clase de compromiso requiere un propósito en el que todos los miembros puedan creer y apoyar; el objetivo de un equipo tiene un elemento relacionado con el triunfo: buscar ser el pionero en su sector y revolucionar su industria con innovaciones.

La clave perfecta del trabajo en equipo. El enfoque del grupo de trabajo siempre es hacia los objetivos y logros individuales; sus miembros invierten una enorme cantidad de tiempo y esfuerzo explorando, dando forma y poniéndose de acuerdo sobre el propósito común que los anima tanto colectiva como individualmente.

Conformando el equipo de trabajo. Los equipos de trabajo para que sean efectivos se deben estructurar preferiblemente con pocos integrantes, y la cantidad puede variar de dos hasta lo que se requiera, y esto depende fundamentalmente de los objetivos a conseguir. En el funcionamiento de los equipos también influye el hecho de que estos se conformen de manera natural (sus miembros eligen libremente con quién desean trabajar) o que se conformen por asignación (una persona, jefe o líder, decide quiénes conforman el equipo). Cuando se trabaja en objetivos relacionados con la solución de problemas o aprendizaje de conceptos básicos, los grupos heterogéneos son más adecuados, es decir, aquellos integrados por personas con diferentes capacidades; podemos hablar aquí de equipos interdisciplinarios o transdisciplinarios. Cuando se trabaja sobre una destreza específica se recomiendan grupos homogéneos, estos son conformados por personas con capacidades o experiencia o profesiones similares o afines.

Veamos algunas habilidades que fui desarrollando durante mucho tiempo hasta la fecha, habilidades que no se ven en la escuela, preparatoria o universidad –con todo respeto a estas instituciones, en las cuales estuve muchos años y a las que les agradezco bastante por la paciencia que tuvieron con mi persona–.

Todos los líderes en cualquier empresa serán juzgados y criticados debido a distintos criterios por su influencia, impacto, logros, reputación y cualquier otra cuestión que los colaboradores no conformes inventarán. Sin embargo, los grandes logros no son actos de varitas mágicas. ¿Por qué?, porque para crear grandes empresas, equipos y, lo más sagrado, familias, los grandes líderes deben tener ciertas habilidades y talentos. Y no es una mala noticia, porque puedo comentar con mucha certeza que todas las personas son súper líderes en alguna área de sus vidas. Tal vez nunca vayamos a construir una empresa que facture un millón de dólares, pero sí un hogar y una familia que pueda llegar a muchas personas y cambie la vida de todos a quienes conocen. Mejor premio como líder no puede haber en este mundo.

Comparto algunas habilidades que debemos desarrollar como seres humanos que somos:

LIDERAZGO. Es la capacidad del líder de identificar las fortalezas de los demás y hacer que desarrollen ese potencial. Lo primero es identificar nuestros errores; pareciera extraño esto, pero es toda una realidad que ocultan los líderes. Lo mejor, y una de las tareas más importantes, es que puedas identificar muy rápido y con mucha eficacia las fortalezas y debilidades de sus colaboradores, para ponerlos a trabajar en el lugar adecuado. Usted puede ser una gran persona, mánager, instructor, capacitador, entrenador y tener todos los conocimientos y herramientas necesarias para formar al que usted quiera, pero si no posee el talento para llevar al equipo hacia adelante, no podrá tener los resultados esperados. Para ser un gran líder de equipos de trabajo de alto rendimiento se requiere entender que todos tienen una fortaleza de algún tipo. Por eso todos pueden tener éxito, y su primer paso debe ser describir y trabajar en cada una de estas.

Para optar por una buena universidad o trabajo nos señalan cuáles son nuestras debilidades mediante pruebas de desempeño, exámenes y evaluaciones. Si no, no entramos. La clase de retroalimentación más común que recibimos de quienes aplican estas evaluaciones es que debemos arreglar nuestras debilidades. Como si fueran un delito.

Marcus Buckingham es un escritor e investigador, y subraya en uno de sus libros que es muy difícil darse cuenta de las cosas que uno hace bien, ya no digamos tratar de cambiar algo para lo cual nuestro cerebro no está conectado. Para tener éxito en la vida no es necesario ser un león de ataque; la gente diferente tiene diversas fortalezas. Un verdadero líder ayuda a desarrollar y a capitalizar. Él o ella no tratan de encontrarle seis patas al gato. Por ejemplo, los deportistas, los atletas mejor pagados en el mundo, como Cristiano Ronaldo, son muy buenos en lo que hacen. Su don es la destreza física. Es única para ellos. Un gran entrenador identifica su especialidad, aquello en lo que el deportista se destaca y luego lo motiva para que se concentre en desarrollarla. Un equipo bien diseñado tiene pocas redundancias, porque todos juegan con sus habilidades únicas y no tratan de cumplir funciones para las cuales deben esforzarse demasiado.

El verdadero y único talento de un líder de equipo es conocer todas las posiciones que necesita en su campo de trabajo y reconocer con mucha humildad quién es el más adecuado para ocuparlas. Lea de nuevo.

Luego debe llevar a su equipo a esa zona de descubrimiento, experimentación e implementación. Y como padres también, preste atención y sea terco. Nuestro trabajo es hacer eso con nuestros hijos, no convertirlos en lo que nosotros quisimos ser o fuimos, sino descubrir cuál es realmente su fortaleza. Como padre y líder de equipos de trabajo, puede inspirar eso en usted y en los demás; recuerde, la motivación sí existe, pero dura poco tiempo; la inspiración en los demás es real, ¿sabe por qué?, porque nos encanta trabajar en aquello para lo que somos buenos. ¿Cierto? Es trabajo difícil, pero divertido. El tiempo se va y, sin que nos demos cuenta, hemos pasado horas trabajando en eso. La emoción sustituye al esfuerzo. La concentración y la intensidad toman el lugar de la distracción. Recuerde esos momentos en que ha perdido el tiempo haciendo que para los demás pudo parecer difícil o tedioso, pero para usted fue emocionante. Desarrolle su talento y el de los demás, desarrolle su talento y el de los demás, desarrolle su talento y el de los demás.

TENER PACIENCIA PARA ENSEÑAR. Si no la tiene, retírese del grupo, porque eso es lo que deberá hacer durante su vida con los equipos de trabajo; unos entran, otros salen por un periodo corto o largo. De hecho, uno de los grandes secretos para el éxito en los negocios, que sólo conocen unos cuantos, va más allá de las ventas. Se trata nada más y nada menos que de ser capaces de enseñar a los demás a hacer lo que tienen que hacer. Una forma de liderazgo muy interesante es la capacidad para aleccionar a su equipo cómo ser exitoso, no diciéndolo o presentando un monólogo sobre cómo hacer algo, o explicando cómo lo hizo usted, sino involucrando a todos, practicando, realizando ejercicios, presionándolos y provocando que se ensucien las manos en el proceso.

No se aprende a criar a los hijos haciendo lo que hicieron nuestros padres. No se aprende cómo construir una empresa en un libro y, definitivamente, no se aprende a ser un gran miembro de un equipo si sólo nos lo dicen (alguien debe enseñarnos cómo hacerlo). Nuestras impresiones del aprendizaje y de la enseñanza se basan en nuestra experiencia en la escuela. Lo que sucedió ahí no fue necesariamente enseñanza, de hecho, ¿qué tanto recuerda y utiliza?, en mi caso, casi nada. Tuve una gama y variedad de profesores maravillosos que de verdad me enseñaron, pero la mayoría o todos ellos eran expositores profesionales. Dentro de mi mundo del liderazgo enseñar es una combinación de dirigir, vender, motivar, inspirar e involucrar. Es el proceso de la educación que significa extraer, sacar la inteligencia de los demás. La educación, por consiguiente, no significa llenarle la mente a alguien de datos, así sea el mejor. Es sencillo de ver pero difícil de digerir, la educación o el aprendizaje es la práctica de la repetición y el descubrimiento. Por ejemplo, mientras más experimente el acto de hacer lo que hace, al repetirlo y ejercitarlo más descubrirá sobre su funcionamiento, aplicación y volverse exitoso en lo que hace. El verdadero secreto para hacer que la gente aprenda no es tener el conocimiento, sino enseñarle a la gente cómo aprender. No suena fácil, pero es la realidad.

LOS ERRORES DAN FUERZA AL EQUIPO. Un gran líder sabe cómo hacer uso de los errores para fortalecer al equipo, quienes no lo hacen pueden terminar muy mal, usarlo para destruir al mismo equipo. Esto ocurre porque nuestra preparación nos ha enseñado que los errores son algo malo. Por naturaleza nos molestan; atentos. Nos lo enseñaron en la escuela. Nos castigaban por ellos, y eso nos avergonzaba, pues en muchos casos nos hacían parecer estúpidos. Un gran líder entiende la dinámica y enseña a su equipo a lidiar con la emoción, ejercitando la habilidad para responder con éxito a los errores. Mire siempre a su equipo, organización o familia. Probablemente haya algunos que tengan miedo a equivocarse. Si el miedo es muy fuerte, se volverá una realidad. ¿Esa misma gente se concentra en ganar o teme equivocarse? Hay una enorme diferencia. Para el líder, saber cómo identificar esas mentalidades y entrenarlas será fundamental para crear una organización triunfadora; esto cuesta mucho trabajo construirlo.

¿Realmente qué les comunica a través de sus acciones y palabras?

¿Qué sucede cuando su hijo trae una boleta con malas calificaciones? En las organizaciones cometerá errores. Si enseña a su equipo cómo esperarlos, aprende de ellos e, incluso, puede reírse de ellos; les dará una habilidad que durará toda la vida y los hará ganadores sin importar las condiciones. Si puede hacer esto con sus hijos, ellos crecerán eligiendo estrategias arriesgadas y resolviendo grandes situaciones. Algo que no va a poder evitar en la vida diaria y laboral será cometer errores, y no importa el nivel, sino lo que haga con ellos. Tres maneras de utilizar los errores para fortalecer a un equipo de trabajo son las siguientes: interrogar, celebrar triunfos y saber cuándo pedir tiempo fuera.

INTERROGAR. La clave para aprender (debemos tener mucha humildad) de los errores es hacer las preguntas correctas. Interrogar sobre una situación enseña a verla como una experiencia de aprendizaje, no como una tragedia. Como líder de equipo de trabajo no se trata de corregir, aconsejar, dar conferencias o consolar, sino de hacer las preguntas adecuadas, que la gente comprenda lo que sucedió y se haga responsable por aprender algo a partir de dicha experiencia. Por favor, lea de nuevo las últimas líneas; eso detonará su éxito como líder de equipo.

CELEBRAR LOS TRIUNFOS, AUNQUE SEAN MÍNIMOS. Esto es algo tan valioso, tan difícil de reconocer, ¿por qué?, porque uno como líder piensa que son de uno como máxima autoridad, y no es así. Son de ellos, sin el equipo no somos lo que significa la palabra líder; veamos por qué. Una de las cosas más importantes como líder es enseñar a su equipo a celebrar, incluso, las más pequeñas victorias. Eso refuerza la actividad de ganar. Y me refiero a felicitar al equipo por el trabajo bien hecho, lo cual debe resultar algo sincero. Apreciar y reconocer los esfuerzos de otro ser humano es uno de los regalos más importantes que puede darse a alguien. Incluso, durante una serie de estudios dirigidos por la Universidad de Harvard sobre programas de compensación y sistemas de recompensas financiera se descubrió que el dinero tenía casi el mismo efecto que un simple gesto de reconocimiento en el rendimiento óptimo a largo plazo. En las organizaciones en que he trabajado durante mi carrera, esa es la cultura más difícil de cambiar en cualquier organización. Practique con este ejemplo: unos golpes de espalda, unas gracias, un "con mucho gusto", un apretón de mano; todo esto con mucha consistencia siempre, y se dará cuenta de los resultados.

EL TIEMPO FUERA. Resulta de mucha importancia saber cuándo reagruparse, cambiar la estrategia para mejorar e incrementar las posibilidades de sacar los mejores resultados. Esta es una habilidad que tendrá que desarrollar poco a poco, ya que es de gran valor; debe saber cuándo hacerlo con su equipo, familia y otras personas importantes en su vida. De otro modo, la energía decaerá, las emociones crecerán y las relaciones podrían resultar extremadamente dañadas. La mayoría de las organizaciones y equipos, cuando les cuestiono si les preguntan sobre sus experiencias, dicen que sí de cajón. Y está bien, sólo que eso se usa para describir lo que en esencia es un proceso de aprendizaje. En cambio, si pide tiempo fuera y reagrupa durante el proceso en una situación difícil, tiene una oportunidad de alcanzar éxito en ese proyecto. Si no, en los que vienen a futuro. Sólo tómese unos segundos; si las emociones de todos influyen decisiones cruciales, estas pueden resultar muy deplorables. Pero si es un líder de equipo, los demás seguirán siempre su ejemplo. Es mejor pedir tiempo fuera; lo cual no implica que sea muy largo, de cualquier manera. A la primera señal de confusión, decepción, coraje, tristeza o apatía (emociones) deténgase y pida tiempo fuera. Le sorprenderá cuántas cosas puede aclarar tempranamente y cómo mantener el entusiasmo al ser lo suficientemente observador para cortar las situaciones negativas justo en el momento que comienzan. Existe una mentira-trampa, en la cual se cae a temprana edad, cuando estamos empezando a liderarnos como persona y la llevamos arrastrando cuando empezamos a manejar equipos de trabajo; me refiero a que tenemos la razón y debemos arreglar todo; error número uno. Eso es la falacia más grande del mundo. La mayoría de la gente puede aportar soluciones si detiene el ego por un minuto, porque dejamos que baje y hacemos que las emociones disminuyan. Luego, la gente podrá pensar claramente y una vez más ser personas capaces y brillantes.

Mantener interacción frecuente. Esto va a generar confianza; de preferencia, el contacto frente a frente, en persona o por teléfono. Sin eso, la gente se distrae. Olvidan para qué es el trabajo, le pierden la pista a la misión. Somos humanos y necesitamos contacto humano. La gente y los hombres se vuelven reales, no sólo etiquetas en un organigrama. Los procesos se vuelven reales, no sólo etiquetas en un organigrama. Los procesos se tornan humanos, y la pasión y espíritu del equipo se transforman en algo que puede sentirse, no sólo un tema en una presentación de Power Point. Esto resulta especialmente cierto en las familias. Por eso muchas conservan la tradición de la cena los domingos por la noche. Es cuando todos pueden tocar base, reconocer y recargar baterías. Mi padre siempre me comentaba con mucho ahínco que la familia se reuniera cada año. Y siempre lo cuestioné, sobre todo cuando era adolescente, pero realmente sí funcionaba.

La interacción es algo súper importante en los humanos a cualquier edad, incluso sin esta no existiríamos en la Tierra. Cabe mencionar que hay muchas formas de interactuar con los seres humanos; por medio del teléfono, redes sociales, WhatsApp, televisión, cable y todo lo que conlleva la tecnología. Sin embargo, hay algo que confundimos muchísimo en el mundo laboral y el famoso correo electrónico, el cual no es comunicación por ningún motivo; se usa para dar avisos a los compañeros de trabajo y para reportar situaciones a futuro o para mandar un reporte especificando alguna información. Yo lo llamo el maldito *e-mail*, el cual muchas personas lo usan para justificar la falta de planeación, sobre todo aquellas a quienes no les gustan las conversaciones difíciles cara a cara. Error número uno del líder, si no le gustan las conversaciones difíciles, entonces no puede ser un líder, porque tendrá que lidiar todos los días con estas y no importa el rango que tengan las personas –repito, será todos los días–.

No confíe en los malditos *e-mail*. Es muy fácil escribir veinte líneas; hay gente que dice cosas por *e-mail* que jamás diría a alguien en persona. ¿Alguna vez recibió un *e-mail* con alguna actitud adjunta? No creo. Atención, si algo es importante y quiere un compromiso, comprométase usted mismo directamente con su colega de equipo. Él se lo agradecerá. Créame, se sorprenderá. Por conveniencia pueden perder o deshacerse de un *e-mail* de la manera más fácil, pero nunca podrá negar una conversación. Estoy seguro de que no mandará a su equipo de trabajo a las áreas sin antes practicar. Entonces, ¿por qué esperaría que un equipo tenga un rendimiento óptimo sin interacción frecuente?, ya sea una reunión breve, *briefing*, junta vía Zoom, una videollamada, mensaje de voz o tan simple como un desayuno, *lunch* o cena. Mantener contacto es crucial para el éxito de cualquier equipo de trabajo.

Veamos la última habilidad y el cierre de este capítulo, el cual escribí con todos los ejemplos que he tenido hasta ahora en mi mundo laboral, que muchos no queremos hacer porque supuestamente nos da vergüenza, en resumidas cuentas, pero lo hacemos inconscientemente todos los días en nuestras casas, trabajo, amigos y nuestra familia. Vender, pero ¿qué es vender verdaderamente? Simple, vender un objeto o un servicio intangible a una persona que lo está requiriendo para satisfacer una necesidad. Sin embargo, lo vamos a leer a continuación, y no tiene relación alguna con lo escrito anteriormente. Veamos, ventas no significa vender sólo a una persona, sino también que nos sepamos vender para crear confianza y el valor que necesitamos para poder ser el líder. ¿De qué se trata?, de vender una actitud, una misión. Por lo general, las personas que vendemos estas dos actitudes son los que dirigen la organización de una empresa sólida. La verdadera y más importante modalidad del liderazgo es saberse vender a otras personas a usted mismo, lo cual genera mucha confianza y poder. Sea un líder con su ejemplo todo el tiempo; todo se reducirá al hecho de que si posee el valor para hacerlo, los demás lo tomarán muy en serio y se inspirarán en su humildad y fuerza. Demostrar vulnerabilidad y responsabilidad públicamente muestra un liderazgo increíble.

Afirmo con mucha seguridad que todos pueden ser líderes y dirigir de forma inteligente en cualquier momento de su vida. Sin embargo, no todos podrán llegar a dirigir un corporativo multinacional o una familia mayor de cinco miembros. En nuestros contextos, todos tenemos la oportunidad de ser líderes, cuestión que se debe trabajar todos los días hasta el último día. En resumidas cuentas, trabaje y enfóquese en esta pequeña lista de liderazgo que comparto.

- Interactuar frecuentemente para generar relación, consistencia y, sobre todo, mucha confianza.
- Use los errores que se comenten para reforzar a los equipos de trabajo.
- Prepare a los demás para que también tengan oportunidad.
- Detectar y aprovechar las fortalezas de los demás (todo el tiempo).

Como conclusión de este capítulo podemos ver que el trabajo en equipo resulta vital para el éxito de los objetivos de una organización, y no importa qué tipo de organización, pues para lograrlo es necesario proveer un buen clima laboral en donde los colaboradores puedan desarrollarse a nivel individual y colectivo de manera óptima. Antes de iniciar un buen equipo sólido de alto rendimiento es necesario hacerse estas tres preguntas esenciales: ¿cuál es el sueño de usted y el de la empresa?, ¿quién va a formar parte de su equipo? y ¿cómo debería ser el equipo de sus sueños, sin perder la concentración del equipo? ¿Por qué?, porque he cometido y visto cometer errores en repetidas ocasiones; es prestar demasiada atención al sueño y muy poca al equipo.

Si construye su equipo ideal, el sueño se cumplirá prácticamente sin problemas. Cualquier sueño implica desafíos propios. El tipo de desafío determina la clase de equipo que resulta necesario establecer. Sin embargo, cuando un equipo determinado no logra incrementar su potencial, el primer paso es ayudar a sus integrantes a que crezcan de forma individual. Una de sus responsabilidades como líder es detectar el potencial que las personas no pueden ver y ayudarlas a mostrarlo. Algo que no gusta hacer, pero es muy necesario. Sin este siguiente paso no podrá entregar los primeros resultados en el primer trimestre o semestre de su primer año como líder. Lea con atención, por favor. Muchas veces un solo miembro puede convertir al equipo ganador en perdedor tanto por falta de capacidad como por una actitud pobre. En ese caso, debe concentrarse primero en los integrantes y hacer cambios por el bienestar común. Sacar del grupo a los colaboradores ineficaces, ya que si no experimentan acuerdos constantes o no alcanzan las metas, es posible que deba hacer ciertos cambios, como mencioné arriba.

Desarrollar un grupo de trabajo requiere tiempo y esfuerzo, y es la única forma de concretar un objetivo. Ojo, mientras más grande sea el sueño, mayor deberá ser el equipo. A medida que el desafío crece, la necesidad de trabajar en equipo aumenta. Sin embargo, siempre dentro del crecimiento del equipo hay un colaborador que afecta el proceso, el cual reduce las energías y bloquea fuertemente las oportunidades de crecimiento del equipo.

Capítulo 7
Debemos ser proactivos

[Si queremos comprender lo que hacemos
o pensamos actuar, vayamos a la acción]

Hay una razón por la que ser proactivo está asociado al éxito. Las personas que llevan a cabo un papel activo (no es medir la fuerza, ni tamaño) en el lugar de trabajo son las que inevitablemente se desempeñan mejor y se hacen notar por sus superiores, sin necesidad de que esté vociferando: "Yo hice esto; por mí hicieron aquello; se logró esto por mí". Qué fatal una persona así. ¿Conoce a alguien así?

Al aprender a desarrollar sus tareas y las demás con mayor facilidad y habilidad puede llegar a ser mucho más productivo, evitar dificultades y experimentar un crecimiento profesional más rápido que otro individuo. En este capítulo comparto algo que difícilmente en un salón de clases podrán enseñar. Recuerde esto: si es productivo en casa, lo será en su trabajo. Lo describo en una línea. Tener iniciativa y capacidad para anticiparse a problemas, logísticas o necesidades futuras en su empresa. Debe darse cuenta de que no es fuerza bruta, sudar o estar saltando de un lado para otro. Veamos un ejemplo de una persona proactiva. Ser proactivo significa asumir las riendas de la propia vida, simplemente. Esto quiere decir que debemos tomar decisiones y hacernos responsables de estas y sus consecuencias, en vez de tomar una actitud pasiva como mero observador. Ser proactivo requiere dedicación y paciencia, ya que debemos considerar opciones, sopesar alternativas y tomar decisiones propias para lograr metas.

Mientras que un comportamiento reactivo está influenciado por el entorno y las fuerzas externas; atención con esto último, son dos cosas totalmente diferentes y se pueden confundir incluso mentalmente diciéndonos que somos muy buenos haciendo la logística en nuestra área laboral, cuando realmente no es así. Tener una actitud proactiva en el trabajo, una mentalidad de "tomar el mando" empodera a la persona que la posee, porque le da un sentido de control sobre su rol, lo cual le permite equilibrar múltiples responsabilidades sin comprometer la calidad de su labor. ¿Quiere saber cómo ser proactivo en el trabajo? Entonces, tome nota de estos consejos y hábitos para practicar la proactividad paso a paso, ya que este término no es un concepto, sino una práctica diaria. En lo personal he practicado estas cinco recomendaciones y hasta hoy me han dado resultados:

1. Debe ser organizado. ¿Cuánto? Mucho, bastante. Cuesta un mundo serlo, pero los resultados son muy gratificantes. La clave para ser proactivo es la organización, después de todo no puede tomar las riendas de sus responsabilidades si se encuentra en un completo caos; recuerde, los seres humanos amamos el caos. Esto va más allá de usar un planificador semanal y mantener su escritorio libre de desorden. Tendrá que aprender a priorizar las tareas si quiere cumplir con los plazos, lo cual significa ser realista sobre cuánto tiempo necesitará para ciertas tareas. En lugar de limitarse a marcar en su calendario el momento en que debe entregar un informe o una propuesta, tenga en cuenta varios puntos importantes antes de la fecha límite para que pueda administrar su tiempo de manera eficaz. Esto me sigue ocurriendo cuando debo entregar los informes gerenciales cada treinta de cada mes. Otro paso para ser proactivo en el trabajo es el siguiente: considere escribir un recordatorio unos meses, un mes, dos semanas, una semana y varios días antes de una fecha importante para que pueda mantenerse al tanto de lo que se necesita hacer; será de mucha importancia. Por amor a Dios, use una agenda; esta será la clave de su éxito, no una secretaria administrativa, como todos los líderes pensamos.
2. Piense positivamente todo el tiempo. La negatividad no lo llevará a ninguna parte e impedirá alcanzar su máximo potencial. En lugar de concentrarse en lo que no se hace, concéntrese en lo que ha logrado. Luego haga una lista de metas

para el día siguiente. De esta manera, estará continuamente dejando espacio para mejorar sin sentirse abrumado por las exigencias de su trabajo. Además, si fomenta el hecho de tener siempre un pensamiento positivo, no recurrirá a la negatividad cuando algo salga mal. Siempre hay una oportunidad o una salida para aprender de los errores; así que, si surge un problema, tómese el tiempo para reflexionar sobre cómo podría haber manejado la situación de manera diferente. Esto permite evitar cometer el mismo error dos veces. De los errores todos aprendemos.

3. Tendrá que ser participativo activamente. Puede que no sea fácil hablar, y la verdad no lo es, pero lo invito a que lo haga, será de mucha importancia. Involucrarse en la conversación es lo que separa a los líderes de sus seguidores. Al comprometerse abiertamente con sus colegas, mandos medios, supervisores y personal de línea, a los que yo llamo las líneas de fuego, puede influir en el curso de acción y contribuir a la solución, en lugar de limitarse a reaccionar ante esta. No hay duda de que ha reconocido áreas de oportunidad en su lugar de trabajo, y probablemente tiene ideas sobre cómo abordarlas. Comience a registrar estas nociones a medida que se presenten, de modo que cuando surja la oportunidad en una reunión de la empresa esté preparado para proponer nuevas ideas constantemente.

4. Ser un solucionador de situaciones negativas; esto sí que es de grandes ligas. ¿Por qué?, porque 90 % de su trabajo se basa en solucionar situaciones negativas como líder de equipo; 5 % será tomar decisiones financieras y el otro 5 % consistirá en tomar decisiones de logística para beneficiar la parte financiera de su empresa o de la que representa. No hay razón para esperar a que surjan situaciones negativas para resolverlos; en su lugar, utilice técnicas de reflexión para evitar las situaciones potenciales por completo. Desarrolle un plan detallado para los proyectos con anticipación, incluyendo una lista de verificación de la información o recursos que necesitará para cumplir eficientemente cada tarea. Con el tiempo, podrá identificar los pasos que no son necesarios

o que pueden ser acortados o consolidados. Siempre tenga un plan de emergencia en caso de que surjan desafíos inesperados. Planeando con anticipación sus tareas y logística de la empresa a futuro que representa por medio de su equipo de trabajo llegará a un nivel de operación limpia sin situaciones negativas. Así estará más preparado para los próximos desafíos.

5. Saber tomar decisiones. Recuerde que 90 % de su trabajo se lo pagan o usted mismo se lo paga para eso. No hace falta decir que la postergación no es una opción si está trabajando para desarrollar todo su potencial. No se quede atascado en demasiados detalles. Es importante tomar medidas oportunas. Esperar demasiado tiempo para resolver una situación o abordar un conflicto, o peor aún, no enfrentarlo del todo a menudo significa quedarse atrás. En cambio, aprenda a ser decisivo, incluso si no está totalmente seguro de si recorre el camino correcto o incorrecto. Si se equivoca, podrá adaptarse en el futuro, pero por ahora aprenda a confiar en sus instintos y a confiar en sus habilidades, sobre todo pierda el miedo de tomar decisiones. Le aseguro que será otra persona en el momento en que se haga cargo de su trabajo y de su propia vida.

La proactividad se refiere a la actitud que asumen los líderes para atender situaciones o tareas que precisan ser controladas; una gestión responsable y de alta capacidad de respuesta para el beneficio de la organización. En el campo laboral y organizacional, el término proactividad es muy empleado y valorado, especialmente porque se trata de la actitud que se busca y espera por parte de los trabajadores, es decir, que sean activos, tengan alta capacidad de respuesta, iniciativa y disposición ante cualquier circunstancia. Lamentablemente no todos tienen la proactividad que usted quiere para su equipo de trabajo; tendrá que trabajar con todos los tipos de personas que hay en este mundo, pero aprenderá mucho. Tampoco todos deben ser proactivos o como usted es. La proactividad, entonces, se refiere a la actitud que asumen las personas para superar diversas circunstancias, no sólo laborales, sino también de la vida personal de cada quien, ya que la finalidad es estar siempre mejor. Es decir, la actitud positiva y activa que tome cada individuo ante una situación resulta crucial para tomar el control y dar inicio al desarrollo de ideas y metodologías para mejorar lo que ocurre a su alrededor y de lo que es responsable. Las personas proactivas, entonces, son aquellas cuya capacidad de respuesta y desenvolvimiento ante cualquier circunstancia o reto, laboral o personal, los incentiva a ser innovadores, efectivos y audaces. Ser una persona proactiva es tener una actitud de curiosidad, y el impulso de superación para estar constantemente en la búsqueda de cómo se puede hacer lo posible para mejorar algo. La proactividad también es la capacidad de saber cómo afrontar un problema, medir las consecuencias de nuestros actos y la propuesta de ser cada día más competitivos. En el campo laboral suelen estar siempre en la búsqueda de personas proactivas gracias a su desempeño y calidad de trabajo, pues resultan personas que no sólo son responsables, sino que también, a través de una buena gestión, benefician a la empresa donde se desempeñan.

Todo esto suena muy bonito, incluso lo escribí de la forma más profesional posible, pero la realidad es que no todos somos o no podemos llegar hacer proactivos si no desarrollamos esta habilidad, la cual me temo a decir que es la primera que debe desarrollar sin titubear. A veces confundimos que es preciso ser personas con muchas energías o estar caminando muy rápido en nuestras áreas de trabajo; caminar y tener muchas energías no indica nada, la verdad ese es el mito más grande en el mundo del liderazgo. Durante muchos años utilicé la siguiente frase: "Renuncie a las excusas y a los malos pensamientos, pero sobre todo a la pereza. Haga lo que tenga que hacer para que las cosas sucedan". Esto indica ir a la acción para que las cosas sucedan, de lo contrario nada va a pasar.

Una vez contraté a alguien para un puesto gerencial en el cual tenía a más de trescientas personas a cargo; él tenía treinta y tres años, muy joven para la posición, pero con muy buena actitud para desarrollar las tareas, literalmente era mi aprendiz. Comenzamos a trabajar de una forma muy dinámica, subía, bajaba, entablaba conversación con las personas y dirigía a los colaboradores de una forma proactiva, solucionando conflictos de manera audaz y viendo siempre hacia el futuro para prevenir situaciones. Pero, dejando a un lado las palabras mágicas del mundo del liderazgo, lo más importante, es decir: "Por favor, muchas gracias, te agradezco mucho, lo hiciste bien, que descanses, haces bien tu trabajo, te desenvuelves muy bien, valoro mucho tu trabajo", etc. Cuando falta humildad, que es lo que acaba de leer, realmente falta todo; el liderazgo es simplemente influencia ante la gente, esta va a seguirlo por su calidad de persona, no por su inteligencia (proactiva), ni por sus títulos. Incluso, puede tener muchos estudios y títulos, los cuales los da la universidad, pero nunca el respeto de la gente si no tiene respeto y coherencia hacia ellos.

Si bien la palabra proactividad siempre ha estado de moda, sólo que antes no había Internet ni redes sociales; alguien de mi edad sabrá lo que digo. Esta palabra, proactivo, repito, la confundimos con energía y carisma, lo cual no tiene nada que ver. Es un término que no encuentra en muchos lados, y no sólo significa tomar la iniciativa, sino también que, como seres humanos, somos responsables de nuestra propia vida. La conducta personal es una función de nuestras decisiones, no de las condiciones individuales. Como mencioné anteriormente, tenemos la responsabilidad de ir a la acción y de que las cosas sucedan. Las personas reactivas se ven a menudo afectadas por su ambiente físico. Si el tiempo es bueno, se sienten felices, pero si no, afecta gravemente sus actitudes y su comportamiento. En cambio, las proactivas llevan su propio clima en la mente; el hecho de que pase lo que pase no habrá ninguna diferencia en ellas. Son muy firmes debido a que su fuerza reside en sus valores, y si su valor es hacer un trabajo de alta calidad, no depende de que haga buen tiempo o no. Ejemplo muy sencillo para diferenciar a este tipo de personas.

Ser proactivo es una cualidad que tienen algunos individuos y que resulta muy beneficiosa en muchos aspectos de la vida. En el ámbito laboral, ser proactivo es hoy una de las cualidades más valoradas por los reclutadores y gerentes de unidades de negocio, y es que una persona proactiva puede aportar numerosos beneficios a cualquier empresa. A pesar de que sería algo innato en muchas personas, la proactividad también se puede aprender y fomentar, y sin duda ayuda a mejorar las posibilidades de encontrar el trabajo que usted quiere. Así que, si desea ser proactivo, lo primero que debe conocer, aprender y aplicar será lo que viene a continuación. Cómo puede aplicarla en un entorno de trabajo y con sus compañeros; veamos otros conceptos.

¿Qué es la proactividad?, existen muchos conceptos, pero este es el que me ha funcionado. La proactividad se puede definir como el comportamiento que desarrollan los individuos ante determinadas situaciones, y que se caracteriza por ser anticipatorio, auto iniciado y orientado al servicio y al cambio. Por lo tanto, es una actitud que las personas asumen para tener el control absoluto de su conducta de forma activa. Algo que se escribe bien, pero realmente debe ponerse en acción para que se convierta en un hábito; la gente proactiva está llena de muchos hábitos positivos que han desarrollado durante su vida. Este tipo de personas están capacitadas para tomar la iniciativa, anticiparse a posibles hechos que puedan ocurrir, ser responsables de aquello que les ocurra y tener la habilidad de tomar decisiones en cada momento, bajo presiones o circunstancias adversas.

Entre más subamos de puesto tendremos más presión y vendrán situaciones adversas que se deberán solucionar de la mejor manera, sin afectar operaciones y finanzas de la unidad de negocio que representemos. Los individuos proactivos son capaces de reaccionar ante cualquier circunstancia, pero en ningún caso debe confundirse con la impulsividad, ya que son dos cuestiones totalmente distintas. Un proactivo no se queja de la cantidad de trabajo, o de si las cosas no van como fueron planteadas, sino que se esfuerza por cambiar lo que va mal para que vaya bien; y esto es algo que las empresas valoran de manera muy positiva. Las personas proactivas ayudan a las organizaciones a lograr cambios constructivos y fomentan un ambiente de trabajo en el que la excelencia es la principal protagonista, no ellos. Por sobre todas las cosas, cuide su ego. Veamos un ejemplo de cómo podemos ser proactivos en el trabajo.

La proactividad es una cualidad muy valorada en cualquier oficina, por lo que se deben hacer todos los esfuerzos necesarios para conseguirla. A continuación, comparto las cualidades de un trabajador proactivo:

- Transforma ideas en acciones (algo que la verdad cuesta trabajo, pero se puede lograr).
    Uno de los principales atributos de un trabajador proactivo es tener la capacidad de generar ideas y llevarlas a la práctica. El trabajador proactivo se diferencia del que no lo es porque no tiene miedo a llevar a cabo cualquier idea que le surja en la mente, y por eso puede conseguir cosas que otras personas no. Es un elemento activo, congruente, feliz y lanzado. Actúa y no se queda parado ante situaciones imprevistas o no esperadas. El trabajador proactivo tiene la capacidad de no quedarse bloqueado y de actuar de forma coordinada y rápida para encontrar cuanto antes la solución al problema o inconveniente que ha podido surgir. Por tanto, es alguien que no teme la toma de decisiones y no espera a que otros actúen para ir detrás. ¿Le tiene miedo a la toma de decisiones?

- Busca nuevas oportunidades constantemente.
    Un trabajador proactivo está de forma constante buscando nuevas oportunidades tanto en el ámbito laboral como en el formativo, clave súper importante porque si no se actualiza, lo desplazan otras personas que sí lo están. Es un trabajador que nunca se conforma con lo que sabe o con lo que hace y desea encontrar oportunidades para seguir progresando de forma continua. Por tanto, es alguien muy valorado en cualquier empresa, pues su actitud también favorece a esta por tener a alguien talentoso y con ganas de la mejora continua.

- Está muy orientado y enfocado en los resultados de la unidad de negocio que dirige.
    Un trabajador proactivo es aquel que se plantea objetivos y no descansa hasta cumplirlos, por lo cual podemos afirmar que su orientación en el trabajo es conseguir resultados todo el tiempo. Al proactivo le encanta someterse a retos y cumplirlos de forma positiva, algo que, por el contrario, cansa y desmotiva a personas sin ganas de prosperar.

- Es responsable de sus actos y no actúa culpando a los demás, así nadie se haya dado cuenta de que ha cometido un error. Un trabajador proactivo nunca buscará culpables ajenos cuando comete un error o cuando se toma una decisión equivocada, y asumirá sean cuales sean las medidas que la empresa tome por las consecuencias de sus actos. Por lo tanto, es un colaborador sincero y valiente que evita la mentira y el engaño, además se responsabiliza de cualquier acción de la que sea responsable directo. Esto no quiere decir que no se defienda cuando sea acusado de manera injusta de algo que no ha cometido, pero siempre mantendrá ese balance. Es perseverante todo el tiempo, nada lo detiene. Los trabajadores proactivos son personas conocidas por su constancia y perseverancia, pues no se rinden ante nada y tienen una capacidad de trabajo muy bien desarrollada. El esfuerzo y el trabajo duro no son un inconveniente para ellos, sino un reto; y el resultado a conseguir no es un simple objetivo, sino una meta y un logro. Esta mentalidad confiere al trabajador una ilusión y ganas por hacer cosas que favorece su posición en la empresa frente a otros que asumen los mandatos sin resistencia a las primeras de cambio; se mantienen firmes.
- Flexibilidad.
Un trabajador proactivo está orientado al cambio, y por tanto no tiene miedo a que se le planteen retos o cambios en su labor cotidiana. Es una persona que asume la flexibilidad y el cambio como forma de vida y se adapta fácilmente a cualquier situación; algo que muchos no hacemos en nuestra vida y, sobre todo, cuando pisamos nuestro primer empleo remunerado, pensamos: "Soy recién graduado y todos van a hacer lo que yo diga; finalmente, soy el nuevo licenciado y me respetarán". Mi padre me decía: "Nunca serás más que nadie porque tengas muchos títulos, Miguel Ángel. Realmente, cuando llegas a una empresa nueva debes adaptarte o tendrás que irte", palabras que todavía a esta edad las recuerdo como si me las hubiera dicho ayer, las cuales me

resultaron de mucha ayuda. En el capítulo anterior hablábamos de la adaptabilidad, y desde mi punto de vista se trata de lo que decía mi padre: "Adonde fueras haz lo que vieras; si no, retírate". Mi papá ya había pisado más de una empresa antes de decirme esto: "Tu título no vale de mucho, a pesar de que haya sido una gran carrera en la mejor escuela. Lo que realmente va a impactar adonde llegues será tu parte humana, de respeto hacia las personas que te rodean". La verdad no entendía mucho eso porque mi primera carrera universitaria la concluí a los veintidós años, yo sólo quería comerme el mundo al que llegara. Pero no fue así.

Ser proactivo no implica ser rápido, acelerado, subir o bajar, ser muy actuado ni tener un carácter impulsivo o decir a cada rato "yo puedo con eso y más". Repito, cuide su EGO. El diccionario de la Real Academia Española define proactivo de la siguiente manera: "Que toma activamente el control y decide qué hacer en cada momento, anticipándose a los acontecimientos". En resumen, detecte situaciones negativas a futuro, y para lograr eso debe conocer muy bien su trabajo y las áreas que manejan sus ejecutivos de los diferentes departamentos. La proactividad es un concepto de psicología del trabajo y de las organizaciones, definido como la actitud en la que el sujeto u organización asume el pleno control de su conducta de modo activo, lo cual implica la toma de iniciativa en el desarrollo de acciones creativas y audaces para generar mejoras.

El término proactividad lo acuñó el neurólogo y psiquiatra austriaco Víctor Frankl, quien sobrevivió a los campos de concentración nazis. Para él sólo existen dos tipos de individuos, y, por lo tanto, dos clases de trabajadores: los reactivos y los proactivos. Preste mucha atención a las líneas que vienen, será el parteaguas de su vida, porque tendrá que identificar cuál de aquéllas es.

Las personas reactivas reaccionan ante un determinado estímulo. Esta reacción puede ser favorable o desfavorable para ella o para un grupo de trabajo; esto quiere decir que no piensa en el momento, sin importar lo que pueda pasar más adelante o qué reacción se tiene respecto a lo que está haciendo en ese instante. Muy pocos piensan en su logística de trabajo o cómo hacer que el trabajo de sus compañeros salga mucho mejor.

Las personas proactivas se mueven por valores cuidadosamente meditados y seleccionados; pueden ocurrir muchas cosas a su alrededor, pero son dueños de cómo quieren reaccionar ante esos estímulos. Los valores por delante y las emociones por detrás; esto es algo que lo llevará a un nivel interesante de liderazgo.

Los individuos y trabajadores proactivos se caracterizan por tener una serie de cualidades, entre estas podemos destacar: responsabilidad ante su vida, anteponen los valores a sus sentimientos, son tan felices como ellos quieren, autorregulación, compromiso para cumplir metas y objetivos.

Enseguida, comparto algunas formas de ser proactivo en el trabajo que me han posibilitado a formarme como líder de equipo; algunos mentores y colegas me han brindado muchas más, incluso algunas que he puesto en marcha, pero finalmente no me han ayudado. Estoy seguro de que usted tendrá las suyas o algunas de estas. Si es así, lo invito a que las ponga a prueba de la mejor manera y con honestidad. Verá que resultan efectivas:

- Ser flexibles.
- Ser responsables de sus actos.
- Anticipar, prevenir y resolver problemas.
- Transformar las ideas en acciones; esto implica estar en acción constantemente.
- Actuar, no esperar a ver qué pasa; buscar nuevas oportunidades.
- Proceder de forma diferente, en función de cómo se debe hacer.
- Perseverar, no rendirse nunca.
- Ser positivos.
- No limitarse a cumplir órdenes o desempeñar sus funciones sin más.

El orden de los puntos anteriores no tiene relevancia, sólo tome en cuenta que las tres primeras debe hacerlas sí o sí en su vida diaria y en su trabajo. Dentro de una organización, y no importa el tamaño, los líderes de grupo, los mandos medios, son las personas más importantes que marcan la diferencia con los colaboradores, y sobre todos los de la línea de fuego. Los cuales deben fomentar la proactividad en sus trabajadores todos los días y de muchas formas, entre estas enlisto algunas que me han funcionado hasta ahora:

1. Involucrando a los colaboradores en las metas de la empresa, no diciéndolas ni pegándolas en alguna pared.
2. Incentivándolos a imponerse desafíos.
3. Siendo receptivos a las diferencias, viéndolas como una oportunidad para encontrar múltiples soluciones y puntos de vista entre ellos mismos; siempre se requerirá que no todos piensen igual.
4. Incentivando la toma de decisiones; alejando el miedo a cometer errores.

Las personas proactivas nos caracterizamos porque somos orientadas al servicio y a las tareas de la siguiente manera:

- Consiguen resultados tangibles.
- Buscan continuamente nuevas oportunidades.
- Tienen objetivos efectivos orientados siempre al cambio.
- Anticipan y prevén problemas.
- Actúan de forma diferente.
- Emprenden la acción y se aventuran a pesar de la incertidumbre.
- Perseveran y persisten en sus esfuerzos.

El comportamiento proactivo puede ser una ventaja para competir y sobrevivir en un entorno tan cambiante y demandante como el actual. Las empresas buscan personas flexibles que se adapten a lo inesperado y que sepan gestionar la incertidumbre, además que no tengan miedo a los retos. Un aspecto importante necesario de señalar es que la primera vez que le otorgamos autoridad a un nuevo líder, en realidad estamos dándole permiso para tenerla, más que dándosela en sí. La verdadera autoridad se requiere ganar. Las ideas son el mayor recurso de una persona exitosa.

Capítulo 8
¿Existe algo más importante que la disciplina?

[Por qué es un error postergar
lo que sea en su trabajo]

Mis padres nos dieron regalos a mis hermanos y a mí desde pequeños, como a cualquier otro niño criado dentro del marco de los regalos de fiestas, viajes o un evento importante. Llegué a tener legos, carros inalámbricos, tráiler a control remoto, máquinas, maderas para hacer construcción, camiones para transportar piedras o maderas, pistolas, etc. Y a medida que iba creciendo iba ganándome el afecto de mis padres hasta que un día me compraron un triciclo rojo sin preguntarme; fue una sorpresa espectacular para mí, ya que una vez que me monté sobre este pude sentir la sensación de libertad que es estar en una bicicleta, el aire, el ambiente y esa adrenalina que se forma cuando se pedalea. Al pasar de los años seguí creciendo y a los dos años, más o menos, un 24 de diciembre Santa trajo a casa mi primera bicicleta; era una *chopper* británica con una llanta grande atrás y una pequeña adelante, color azul, de la cual me enamoré fervientemente a primera vista.

Recuerdo en estos momentos que una manta blanca la cubría por encima, cuando me levanté esa mañana a las siete en punto para ir al pino de Navidad y saber qué me había traído Santa Claus. Mi padre rompió el molde de regalos para los niños, porque todos mis amiguitos tenían bicicrós, la típica bicicleta de niños. Finalmente, no me importaba, yo andaba feliz en ella. Al pasar el tiempo, y sin darme cuenta, fui desplazando los juguetes que me regalaban, incluyendo los de mis padres, sólo por estar montando la bicicleta después de llegar de la escuela; esto provocaba que no me concentrara en las tareas, sino sólo en andar encima de ella, lavarla, limpiarla y tratarla bien de todas las formas posibles. Resultó un juguete tan importante en mi vida que no sabía cómo actuar sin este. Era algo indispensable en mí.

Empecé a madurar y mi padre me llevaba con él a su trabajo; me acuerdo de que en diagonal a su trabajo había una tienda de bicicletas de una familia libanesa, los cuales eran amigos de mi papá. Entre los diez y los doce años le pedía a mi padre que me comprara una bicicleta mucho más grande. Busqué amigos y vecinos que fueran de mi edad para poder irnos a montar a los parques más cercanos del lugar, para lo cual ya en pocas semanas éramos cinco amigos felices, sin pensar en lo que se nos venía a medida que íbamos creciendo. Cuando pasé a la edad de la pubertad, a la mayoría de edad vendí la bicicleta y compré otra mucho más grande, la cual me hacía sentir bastante feliz por su tamaño y sus cambios para cuando estuviera subiendo carreteras empinadas u obstáculos muy grandes. Llegó un punto en que montaba bicicleta a diario, mínimo dos horas al día, después de salir de la escuela, y los fines de semana salía en grupo o solo a largas distancias, supuestamente yo. La más fuerte fue de treinta kilómetros en bicicleta de montaña, para lo cual yo sentía que era mucho y me creía en cualquier *tour* de Francia.

Al pasar el tiempo, cambié de bicicleta; pasé a una de carreras profesional y me centré mucho en hacer ejercicios de resistencia y montar bicicleta tres veces por semana, sin dejar pasar el domingo, la ruta más larga con mis amigos. Entré a un mundo totalmente diferente de lo que yo pensaba que era; busqué a gente profesional que me pudiera ayudar para tener más capacidad y resistencia para empezar a hacer carreras cortas, como de cinco o diez kilómetros en plano o montañas, pasando por rodar en bicicleta y tener una marca de doscientos kilómetros semanales, y así incorporarme en carreras amistosas, ciclotours, GFNY, triatlones cortos, entrenamientos muy fuertes con mis *coaches*, triatlones amplios y finalizando con IRONMAN70.3 en equipo, el cual marcó mi vida y me hizo entender que todo lo que nos propongamos lo podremos lograr siempre y cuando tengamos disciplina constante todos los días. Suena algo fuerte y difícil, pero así es, fuerte y difícil.

Al pasar el tiempo, la edad va aumentando y debemos de reconocer que el cuerpo se va agotando poco a poco, y el hecho de que no era un atleta, un olímpico y mucho menos un profesional del deporte fue minimizando esa capacidad que tenía entre los quince y los treinta y cinco años. Todo lo hacía porque siempre me gustaron los deportes, y mantener una mente en cuerpo sano nos hace pensar de manera diferente tanto en el plano familiar como en el laboral. Una vez pensé que antes de retirarme del ciclismo como fanático, porque eso es lo que soy, un simple fanático, tenía que hacer alguna ruta bastante larga, donde pudiera vivir y poner a prueba todo eso que había aprendido a lo largo del camino, pero no tenía idea con quién y mucho menos en qué lugar.

En el mundo laboral siempre habrá oportunidades, las cuales debemos tomar siempre y cuando sea para un mayor crecimiento personal y familiar. Y ese día llegó cuando les comuniqué a mi esposa y a mi hijo que teníamos que ir a trabajar a otro estado, en un lugar que me dio un empuje y crecimiento laboral increíble. Les agradezco mucho a todas aquellas personas que me apoyaron y con las cuales logramos las metas y objetivos propuestos. Y como todo tiene un ciclo y debemos seguir adelante, vino a mi mente un reto que marcaría mi vida por completo, el cual comenzó en Tecate, Baja California, pueblo mágico con un gentilicio y gastronomía espectacular. Arranco a las siete de la mañana, a cero grados, y a los diez kilómetros comenzó a granizar… sol, frío y todo lo inesperado en ese momento. Sin duda, la mente te dice detente, espera a que se quite el granizo, pero antes de pasar por el Valle de Guadalupe, por la autopista, salió el sol y las condiciones empezaron a cambiar para bien. Y así anduvimos por toda la Baja California, hasta llegar a San José de los Cabos, pasando por lugares inhóspitos pero hermosísimos, frío, vientos fuertes, más granizo, carreteras solas y con muy pocas tiendas para poder tomar o comer algo. Yo iba bien preparado, con mis propios suministros; tuve una organización previa en todo lo que se refiere a alimentos, hoteles, parajes, playas, cuántos kilómetros tenía que rodar al día, así hasta llegar a mi destino.

Una vez que llegamos a San José de los Cabos descansamos unos días para retomar energías, comer bien, ducharnos de una buena manera, donde nadie nos interrumpiera y pudiéramos seguir hasta nuestro destino final: Nuevo Vallarta, Nayarit. Subimos a Pichelingue, una ciudad portuaria en el municipio de La Paz, estado de Baja California Sur, para tomar el Ferry que nos llevaría al hermoso puerto de Mazatlán, terminal marítima, lugar donde hice varios ciclotours bastante interesantes, donde desembarcamos y seguí rodando por la autopista hasta llegar a mi destino. Ahí sentí un dolor de glúteo izquierdo bastante fuerte, el cual no me dejaba estar de pie, algo que nunca había sentido en mi vida; y así estuve durante un mes, sólo me automedicaba hasta que tomé la decisión de ir al doctor. Me hizo una valoración y me comentó que mi coxis se me había subido y había aplastado la vena ciática, por lo que necesitaba reposo.

Duré tres meses en cama y un año sin hacer ningún tipo de ejercicio. Al pasar el tiempo, retomé nuevamente la bicicleta, pero con limitaciones porque no podía cubrir distancias muy largas. Dicho viaje marcó mi vida y debí tomar mis propias decisiones para mantenerme con mucha salud y ver crecer a mis dos hijos y estar junto a mi esposa. Lo importante fue la marca conseguida que, aunque no fueron muchos kilómetros, me resultaron una eternidad porque siempre rodé solo, desde que salí hasta que regresé a casa, sano y salvo y sin ponchar una cámara o tener algún desperfecto en la bicicleta. Acumulamos más de 2,300 kilómetros en treinta días; mi equipo de trabajo y mi director técnico siempre me echaban porras para seguir, los cuales eran mi hija Natalia, mi hijo Miguel Ángel y mi esposa Natalia. Ellos siempre llegaban después de que terminaba de rodar, eran entre cuatro horas diarias, con un promedio de cien a ciento veinte kilómetros diarios, con mucho entusiasmo, enfoque y disciplina. Si algo se requiere para hacer un viaje corto como este, es tener mucha disciplina y romper con todo lo que signifique pereza. Hay que decirle no a la pereza y a los malos pensamientos. Algo que fácilmente vendrá a su cabeza constantemente y sólo usted será la persona indicada de mantenerla o rechazarla.

Veamos un poco por qué la disciplina es la base de cualquier logro personal o laboral. Durante muchos años he estado al mando de grupos pequeños, medianos y grandes en el mundo organizacional, y quiero que me entienda que la disciplina será lo que lo lleve al éxito o al fracaso en su vida. Analicemos por qué. El tiempo y el desarrollo personal son de vital importancia para fijarse metas y objetivos a corto, mediano y largo plazo. Evaluemos agudamente algunas disciplinas bastante importantes para el éxito tanto individual como laboral, y así descubrir los puntos básicos de la riqueza personal y la felicidad. La riqueza para mí es simplemente mantener en buena salud mi hogar, incluyendo la mía, y teniendo esto en automático será un ser feliz. No estamos hablando de dinero, casas, carros, yates, ni de ir al campo de golf. Eso vendrá, si lo desea, cuando tenga dinero de sobra, no endeudándose con créditos para aparentar que es un hombre con mucho éxito. Y antes de estudiar estos puntos, los cuales son básicos, veamos la clave más importante para la buena vida, como dije hace rato. La buena vida.

Hemos vivido durante mucho tiempo escuchando que debemos trazarnos objetivos y metas para llegar a la cima o conseguir los mejores resultados; y esto es muy común cuando escuchamos a nuestros jefes en los primeros años de trabajo, es decir, "las metas y objetivos del mes, trimestre, semestre o del año son estos". Sin embargo, lo importante no es aprender a poner las metas ni los objetivos, eso es algo que se realiza en un segundo; tampoco el puesto que obtenga de una empresa será lo más importante en su vida; y en lo laboral no es acumular títulos, conocimientos, experiencias de vida o saturándose de información, porque supuestamente en las organizaciones eso es lo que más valoran. Pensar que esto es lo que se necesita para llegar a sus metas, ambiciones y tener éxito, más felicidad en la vida, es estar en un estado de confort bastante grande.

La ruta a seguir es fijar metas y espero el resultado. Sé que muchos me van a decir: "¿Pero entonces de qué vale tener conocimientos en la vida y pasar por tanta enseñanza, si eso no es lo principal?". ¿Por qué?, porque a pesar de nuestras experiencias vagamos sin rumbo fijo y nos conformamos con una vida de simple existencia, en lugar de una con resultados, por la falta fundamental de la disciplina para aplicar todo lo que sabemos. Y esta es la palabra más importante, y si gusta recargarla, podemos agregarle una palabra más: constancia; esto va a dar como resultado disciplina constante.

¿De qué se trata la vida personal y laboral cuando empezamos desde la primera vez?, simple, es el proceso de acumular conocimientos y saber cómo aplicarlos en la vida y en los negocios, bien sea en una organización o en su propia empresa. Entonces, dominar las disciplinas constantes será lo primero que debemos hacer y vamos a necesitar un esfuerzo sobrehumano constante y disciplinado para dominar las famosas metas y objetivos, o sus resultados serán muy esporádicos y evasivos; se necesita un esfuerzo humano constante y disciplinado para verdaderamente aprovechar nuestro valioso tiempo o nuestros intentos sin una constante. Posiblemente se dé cuenta de que su tiempo se lo están robando sutilmente aquellos hacia los cuales se siente obligado; se requiere disciplina cuando nuestra voz criticona dentro de la mente nos asoma un posible fracaso de algo que no ha ni pasado.

Necesitaremos de mucha y constante disciplina para admitir nuestros errores y reconocer nuestras limitaciones, algo que por lo general al líder de equipo le cuesta mucho por el ego que no le permite avanzar más allá de los resultados. Se requiere disciplina para ser totalmente sinceros con nosotros mismos, al igual que con otros, ya que a veces nuestros resultados son tan insignificantes que nos encontramos exagerando la verdad para aparentar ser mucho más grandes ante los ojos de otros; esto es algo que no recomiendo porque no seríamos congruentes ante nuestros colaboradores. También se necesita de disciplina para planificar, para poner el plan en acción, para actuar con objetividad los resultados de nuestros propios planes aplicados y para disciplinarnos nosotros a cambiar el método si los resultados son pobres. Tendrá que ser muy congruente y aceptar que así fue.

Se necesita de mucha disciplina para tener una firmeza cuando el mundo nos critica con opiniones negativas, y triple disciplina para reflexionar sobre los valores de las opiniones de otros cuando nuestro orgullo y arrogancia nos hace pensar que sólo nosotros tenemos las respuestas a nuestros retos personales. Con estas disciplinas constantes aplicadas a cada aspecto de nuestra vida podemos descubrir muchísimos aportes, posibilidades y oportunidades actuales y futuras, además reprogramar nuestros propios datos lógicos y emocionales que realcen los valores personales y refinen nuestras habilidades.

Llegando a este punto nos preguntamos ¿qué es eso de disciplina? Es el conocimiento humano constante de la necesidad de una acción y un acto consistente de nuestra parte para realizar esa acción. Atención con la famosa palabra procrastinación, la cual es la peor acción o hábito de retrasar actividades o situaciones que deben atenderse, sustituyéndolas por otras situaciones irrelevantes, agradables o no planificadas que aburren. Entonces, sugiero que se haga cargo todos los días, a primera hora, de cosas que no le gusta hacer, pero que están dentro de la descripción de cargo de su puesto. Posiblemente hacer lo que más te gusta es lo que haces mucho más rápido y fácil todos los días. La disciplina siempre le dirá que lo haga hoy, mañana y siempre, y sin miedo, hasta que el acto se ejecute y sea algo instintivo en su mente. Lo contrario es la procrastinación, que es la falta de resolución y distracción; así lo dice la mente, le da igual si lo hace más tarde, mañana o cuando pueda, pero saque un tiempo para hacerlo, total, ya que, nada se pierde.

Esa falta de resolución también indica: "Haga lo que sea necesario para resolver lo que deba resolver, pero no lo que debe hacer". Siempre estamos enfrentándonos a esas dos malditas opciones constantemente. Las recompensas de las disciplinas son grandes comparadas con lo que deja de hacer por simplemente tener pereza; lo contrario sería escoger y hacer los placeres del día en lugar de ver el mañana.

Veamos un poco más de cerca cómo podemos hacer para ser más disciplinados. Recuerdo claramente cuándo empecé a desarrollar todos estos métodos, los cuales me han ayudado diariamente a salir adelante tanto en mi vida personal como en la laboral, aunque no ha sido nada fácil. Nunca falta el pensamiento de que es más fácil no ir a trabajar, dormir hasta tarde que levantarse temprano, como mínimo a las seis de la mañana todos los días para estirar los músculos, tomar un té, ir al gimnasio, salir a trotar, leer un libro, nadar o montar en bicicleta. ¿Y sabe qué es más fácil?, llegar tarde, acostarse de madrugada, no bañarse, irse temprano del trabajo; es más fácil no leer, ver las noticias y criticarlas, sobre todo compartirlas. Terrible verdad. Y es mucho más fácil cumplir con lo necesario que lo que se debe hacer en su trabajo y como deber ciudadano; esperar será mil veces mejor que ir a la acción, tratar será mejor que hacer. Ejemplo básico: no tendemos la cama, no lavamos nuestra ropa y mucho menos nos cocinamos; tampoco pagamos impuestos porque pensamos que nos están robando.

A veces no importa la razón, el sistema en el que nos encontramos está diseñado para que las cosas fáciles sean las menos lucrativas, y las más lucrativas parecen o tienen forma de que son también las más difíciles; por lo tanto, como decía un profesor de la universidad: "La vida es una batalla, y se debe pelear todos los días". No hay opción entre esa vida fácil y sus recompensas momentáneas. Se debe pagar un precio, el de la disciplina o el del pesar; pagamos uno de los dos, usted escogerá cuál.

Doy un ejemplo muy real que pasa mucho entre ejecutivos de organizaciones y amigos. Mientras que usted está en su oficina sentado en su escritorio haciendo planes para la empresa en que trabaja o de la que es dueño y su familia está en su casa esperándolo en plena fecha vacacional, algunos colegas o amigos muy cercanos se encuentran en alguna playa tomándose un rico coco bien frío. Es muy difícil, pero si se esfuerza y paga el precio de la disciplina constante, sabrá que las recompensas futuras valen lo que cuestan. En cambio, aquellas personas que escogen la vida mucho más fácil avanzan, según ellos, sin esfuerzo, pero para esa mayoría hay malas noticias, y será el pesar, el cual los marcará para toda la vida. Comenzarán a ver a su alrededor y preguntarse por qué no empezaron más temprano; la desesperación entrará a su mente, al pensar lo que pudo haber sido.

Recuerde, las oportunidades van pasando y mucho más en lo laboral; y para esos momentos deberá estar muy preparado. Pasará por lapsos muy dolorosos, en los cuales no se puede volver atrás para una segunda oportunidad; entonces, tendrá que escoger uno o el otro: el precio de la disciplina o el del pesar; analice bien, porque ambos tienen un costo. Comentábamos unas líneas atrás que la mejor ruta es tener una disciplina constante, es hacer lo que tenga que hacer cuando lo deba hacer; ejemplo: tiene que bañarse y cepillarse los dientes todos los días, una vez que se despierte por las mañanas. Así como tiene esa disciplina a diario, también debe contar con una laboral.

Debemos estar dispuestos a tomarnos la libertad de ser disciplinados en algunas áreas, e indisciplinados en otras; entonces, nos engañaremos sobre que somos indisciplinados, y esto ocasionará estragos y nos autodestruirá respecto a la disciplina en los aspectos que hemos considerado como importantes, ya que la constancia no puede ser inconstante.

La disciplina está en la mente, y para que controle nuestra vida requerimos cumplir con una serie de normas que nosotros mismos seleccionemos como un código personal, y será nuestra disposición de imponernos los requisitos para seguir esas normas. Una vez que hayamos adoptado esas reglas de comportamiento y conducta estamos obligados a seguirlas, pero si no lo hacemos, entonces no habrá una actividad disciplinada ni congruente. Si pierde la constancia, perderá la credibilidad y la confianza en sí mismo; y tal vez si existiera algo peor, alguien que aplique sus propias disciplinas autoimpuestas sin constancia sería alguien que nunca ha considerado la necesidad o el valor de la disciplina. Y esto se traducirá en que andamos sin rumbo fijo, y cuando andamos sin rumbo, empezamos a cambiar de normas, de procesos, saltando de un compromiso para otro, trastocando nuestras propias lealtades, criticando todo lo que se nos ponga en frente, dejando atrás los proyectos propios y promesas no cumplidas, por ir detrás de otros que no lo son. Todo por una disciplina que no existía y era ineficaz a la hora de pensar y ejecutar. Entonces, podemos determinar que la disciplina no es nada fácil y mucho menos si la atendemos durante horas o algunos días. La disciplina debe ser todos los días, de manera constante.

Aprender a ser una persona disciplinada debe implicar una promesa en nuestra vida. Sugiero que cuando llegue diciembre y quiera marcar sus metas, simplemente escriba en un papel: "Debo ser muy comprometido, disciplinado, constantemente". A partir de ese momento, no vale de nada que tenga tantos planes, incluso si parecen extraordinarios, si no se compromete a ser una persona disciplinada. Sencillamente, lo anterior es el reto más grande que se pueda autoimponer un ser humano; estoy seguro de que por cada esfuerzo disciplinado hay una recompensa múltiple, la cual viene en cascada. Mi padre me decía: "Siembra bien y cosecharás bien, pero tendrás que cuidar tu siembra por medio de la disciplina durante el cultivo". Esta ley de ser disciplinado vale mucho la pena estudiarla, investigarla; saber a fondo que por los esfuerzos disciplinados que tengamos siempre vendrá una recompensa en forma de cascada. Suena bien, pero debe trabajar en ello; nada vendrá por sí solo, nada.

Sea justo, paciente y honrado con otras personas; le aseguro que tendrá múltiples recompensas en su vida, pero no deje a un lado lo más importante: la disciplina, porque todo lo valioso requiere cuidado y atención. Incluyendo nuestros pensamientos, ya que, si los dejamos solos, divagarán sin un rumbo fijo, como si estuvieran en un laberinto sin salida; recuerde que pensamientos confusos tendrán resultados confusos. Suena extraño, pero es la realidad. Si realmente quiere cambiar un hábito o crearlo desde cero, va a necesitar mucha disciplina, pero una vez que se adquiere queda anclada en el cerebro y sólo a largo plazo lo podrá cambiar con mucha más disciplina. ¿Qué significa esto?, que va a necesitar mucha más disciplina para cambiar un hábito; no pierda de vista que por cada esfuerzo grande viene un resultado grande. Aprendamos, la disciplina más difícil es llegar temprano, prestar atención, en qué invierte su tiempo de calidad, leer un libro todos los días y, finalmente, qué puede enseñar de la forma más efectiva.

No descuide sus disciplinas, porque todo tiene un precio y lo que deje de hacer afectará a otras personas. Atención con la disciplina de prestar atención todos los días, sino, sus objetivos y metas se harán vulnerables; tendrá que actuar todos los días con mucha seriedad, ya que en el mundo donde vivimos no estamos para probar, ensayar, sino para batallar de la mejor manera. Si pretende llegar a su casa y tirar la ropa, los zapatos y echarse en la cama a esperar que su esposa le sirva la comida, preste mucha atención porque eso podría indicar falta de disciplina. Recuerde que la falta de disciplina en las cosas pequeñas le puede costar mucho en las cosas importantes de la vida; por lo tanto, no podrá aplicar la disciplina en su organización, si no la pone en su casa.

No sea impaciente con sus colaboradores, de lo contrario estará reclutando a muchas personas constantemente; aconsejo que lea un libro al mes de la mejor forma que pueda. Piense por un momento qué estaría haciendo que requiera atención, que necesita una nueva disciplina, un nuevo compromiso o una nueva decisión; no se lo tome nunca a la ligera, o como si las palabras o las preguntas fueran dirigidas a otra persona. Practique la disciplina del perdón y de la paciencia, con la necesidad de encontrarse a sí mismo; tal vez esté a punto de darse por vencido, pero no lo debe hacer. Nunca se rinda, por favor, nunca. La disciplina más importante será la que usted mismo se imponga; no espere nunca a que se deteriore tan drásticamente que alguien debe ponerle disciplina a su vida. Eso es fatal, la verdad; cuando esto pasa, por lo general es el jefe director quien lo hace, y ahí empieza la fricción entre usted y él, algo que realmente sólo lo va a afectar a usted.

Recuerde que lo que dice por medio de la boca es porque realmente lo tiene en su corazón, y así se vive, porque cuando critica a alguien y lo juzga, lo está haciendo para usted mismo. Entonces, volviendo al tema, qué trágico y lamentable es saber que otra persona tiene una mejor opinión de la que usted cree de sí mismo, algo complicado, ¿no? Que alguien nos obligue a levantarnos temprano para ir hacer ese trabajo, el cual sabemos perfectamente que debemos cumplir resulta muy desagradable; que alguien esté detrás de usted diciéndole lo que ya sabe que debe hacer es lamentable. La palabra mágica y clave es cuándo va a empezar usted a ser disciplinado para que las cosas sucedan de la manera más positiva y realmente tenga esa riqueza mental y felicidad de la que hablamos al principio de este capítulo.

Usted que está leyendo, es importante que escuche y actúe; ya muévase, deje el miedo, salga de lo que no lo deja seguir adelante. Eso sólo lo sabe usted, yo no. Rompa sus propios patrones y paradigmas que aprendió de sus padres, hogar, familia y amigos, los cuales serán muy buenos algunos, pero otros tremendamente negativos, y de seguro los activa constantemente. Rompa esas reglas y láncese a lo que realmente quiere hacer, pero no se atreve. Hay gente a la que debemos decirle que se quede tranquila, que no se mueva tanto, pues mucho movimiento no la llevará a un avance; las personas que están a su alrededor pueden pensar que les está yendo muy bien, pero no es así.

Muchos me preguntan qué consejos puedo darles para seguir adelante y no atrasar sus objetivos; la verdad, nunca se debe dar un consejo, ya que todos somos diferentes. Resulta muy normal que como líderes de equipo nos pregunten constantemente eso. Mi respuesta es bastante sencilla de asimilar, el mejor es el que nace del análisis del comportamiento de cada quien, un estudio del ser de cada persona, de su propia vida, a un punto donde pueda conocer sus fortalezas, debilidades, qué es lo que necesita para seguir avanzando en su propio rumbo.

Cuando uno es libre busca cualquier cosa para trabajar más; las personas que lideran, que emprenden, terminan trabajando mucho más. Ahora nadie le dice que trabaje, pero lo hace y se acuesta más tarde y se levanta más temprano que cuando pertenecía a una empresa cumpliendo un horario. Sin embargo, cuando se es emprendedor hay un estrés positivo. Esto se consigue por medio de la pasión del sentido "tengo ganas", un impulso que nos lleva a avanzar sin mirar hacia atrás. Por lo general, mucha gente dice que es motivación, ¿verdad?, pero yo les afirmo que no uso esa palabra, ya que en la vida de un ser humano existen dos tipos de motivación: la extrínseca, la que viene del exterior, esa que dice: "Tú puedes, eres lo máximo; estás hecho de piedra… único". La verdad no creo en esto porque cuando ya no tenemos a alguien para que nos lo recuerde, ese día la motivación baja y afectará mucho los estados mentales y la vida laboral.

La segunda es la intrínseca, la cual es la que desde muy pequeño estoy seguro de que yo la tenía, levantarme todos los días sin quejarme, hacer ejercicio, llegar temprano al trabajo, sin decir por qué otro día más o por qué tengo que ir hacer esto en tal parte. A esto es a lo que le llamo impulso, el cual debe ser de supervivencia, de querer hacer las cosas sin que nadie le diga cómo y cuándo. Lo anterior será algo que se requiere desarrollar poco a poco; no será fácil, pero una vez que lo haga, usted será libre por el resto de su vida.

Capítulo 9
La excelencia en los procesos

[El proceso nos muestra que lo
más importante es lo que hacemos
día a día a largo plazo]

Se puede explicar como un término que indica una cualidad en una persona, la cual está constantemente excediendo las expectativas del cliente. En este capítulo pondremos como ejemplo una empresa de servicio, como lo es un hotel, o los deportes.

Perseguir la excelencia en algún campo del conocimiento representa una serie de sacrificios que la mayoría de las personas no está dispuesta a realizar. El patinaje artístico, por ejemplo, es una disciplina que exige iniciar estudios a temprana edad y que requiere alrededor de treinta horas de entrenamiento a la semana; todo acompañado de una dieta adecuada y un descanso acorde con la cantidad de ejercicio. Si a esto se le suma que muy pocos logran convertirse en grandes patinadores, capaces de vivir de su vocación y que, en general, deben someterse a infinidad de torneos y competencias internacionales, donde una pequeña equivocación equivaldría al fracaso, cuesta comprender cómo una pasión puede convertirse en una especie de tortura, y vaya tortura aceptar que debes entrenar y entrenar.

¿Qué puede haber de malo en dedicarse por completo al desarrollo de una vocación? Nada. Absolutamente, nada. Si no fuera por ese grado de determinación y entrega, no podríamos maravillarnos con la música de Vivaldi. Siempre que se trate de un acto voluntario, que parta de una necesidad auténtica y que permita disfrutar plenamente de nuestra existencia, cualquier sacrificio en pos de un crecimiento personal será retribuido con creces. La situación comienza cuando existen presiones, sea por parte de los padres o por la estructura de la propia sociedad, que ensombrecen la vida de una persona apasionada con premios y puntajes, con objetivos vacíos y comparaciones maliciosas.

Sin embargo, por más que disfrutar de la propia vocación y vivirla con libertad suene mucho más bonito y justo que soportar despiadados concursos para alcanzar la notoriedad pública y, en el mejor de los casos, la excelencia, la absurda complejidad de las estructuras creadas por el ser humano vuelve casi imposible luchar contra dichas reglas. Por otro lado, aunque a veces nos cueste recordarlo, todos somos libres de optar por un camino diferente, ajeno a los títulos y las calificaciones, para cultivar nuestros talentos. Realmente, la excelencia debe estar muy asociada a la orientación de los resultados; esto consiste en alcanzar resultados que satisfagan plenamente a todos los grupos de la organización. Cuando tenemos conocimientos frescos o recién aprendidos, debemos llevarlos a la práctica para que se convierta eso en parte de nosotros mismos; por eso el reto no es solamente escuchar y reflexionar, sino también salir, actuar, y solamente cuando hay acción, hay una decisión, y solamente cuando nos comprometemos en una acción en concreto, estamos tomando una decisión real. Las acciones se tienen que convertir siempre en decisiones.

Entonces, veamos otro concepto de la excelencia, y para eso usted deberá tener exceso, exceso de excelencia. Y debe buscar siempre el exceso de lo positivo, ya que si se dedica a estudiar intensa y apasionadamente se va a convertir en alguien totalmente diferente, incluso de integrantes de la familia, vecinos y compañeros de trabajo, o se pone a cantar, hacer ejercicio, a componer música, a jugar futbol, pues se va a convertir en una persona destacada. Repasemos el concepto de excelencia. Para mí es simplemente el exceso, el que se excedió en lo positivo. La excelencia es única y exclusivamente para más y mejor, y sólo se da cuando aspira a un bien superior del que tiene. Por lo general, siempre estamos diciendo: "Casi lo hago, casi ganamos este partido, casi llego a la cima", o el típico galán: "Casi me la hago novia". El casi está muy lejos de la totalidad de un trabajo o de una actividad que se requiere concluir.

Algo con lo que luchamos en nuestra mente y corazón es con los famosos paradigmas, pero ¿qué son estos? A veces ni sabemos, incluso hablamos de cosas que escuchamos en los pasillos o en nuestras familias, y las comunicamos a otras personas sin saber. Son valores, técnicas o, como comúnmente decimos, creencias que ya están arraigadas en nuestro cerebro y las hacemos sin analizar si están bien o mal, simplemente decimos "así siempre se ha hecho", lema que mata toda una cultura organizacional en cualquier empresa. Se han creado estructuras o esquemas mentales y actuamos en consecuencia de estos, y lo más lamentable es que los asumimos como una verdad absoluta y creemos en esa verdad como si fuera total y absolutamente buena. Durante mis años activos siempre he roto esos paradigmas falsos, porque nos conducen al fracaso y a la mediocridad, porque nos dejamos guiar por una serie de sentencias que traemos en el inconsciente, muchas de estas heredadas, pues provienen de nuestro pasado y las damos como verdades absolutas.

La buena noticia es que hemos evolucionado a una velocidad impresionante, ¿por qué?, porque estamos rompiendo paradigmas, pero muchas personas se han quedado atrás por el miedo al cambio o al qué dirán si no siguen tal patrón. Comparto un ejemplo: estando en un *briefing* con ejecutivos se me ocurrió preguntar qué los detenía para comunicar a sus colaboradores las actividades, noticias, pendientes diarios, algún evento programado, etc. Las respuestas que me dieron fueron sorprendentes: "Tengo miedo, me cuesta mucho comunicar, qué van a decir de mí, y si no me creen, espero que las cosas sucedan". Desde mi punto de vista hace falta mucha creencia en sí mismos, tienen objetivos muy confusos y falta de competencia, lo cual me da las respuestas a sus inquietudes. El reto es salir y actuar, tomar acción para que se convierta en decisiones.

Durante más de cincuenta años se ha investigado el concepto de la excelencia, y la verdad, su significado reside en estas palabras: es la habilidad de lo obvio. Ya que lo obvio es tan obvio que por obvio no lo hacemos. Entonces, nos la pasamos buscando, investigando y preguntando cuál será el secreto para dejar de fumar, pues es muy sencillo: dejar de fumar; simple. Y así para poder hacer lo que menos nos imaginamos; vivimos buscando los secretos, pero en realidad no existen. Lo que existe es tener mucha disciplina consistente y establecer rutas para conseguir esos supuestos secretos. Alfred Nobel decía: "El ser humano verdaderamente aprende más del fracaso que del éxito". Póngase a pensar por un momento que si no se atreve y no arriesga, no ganará nunca, y mucho menos aprenderá a solucionar sus propios errores. Una vez que tenga mucha experiencia y haya aprendido del fracaso, eso tampoco lo hará más que los demás. Lo importante es qué hacemos con la experiencia, ya que por una mala experiencia podemos caer muy bajo, incluso llegar al suicidio; entonces, esta experiencia no sirvió de nada. La verdadera experiencia es valiosa cuando aprendemos de ella; entonces, la experiencia sí es valiosa, pero mucha gente pasa acumulando experiencias y son los verdaderos fracasados en la vida, porque no asimilaron la experiencia. ¿Le gustaría que los maestros de sus hijos fueran los más fracasados o los más exitosos? Sólo usted podrá contestar esa pregunta. Realmente siempre esperamos que las personas cambien, pero eso no está bien, los que debemos cambiar somos nosotros, no el de al lado, el de arriba o el de abajo. Sea sincero consigo mismo. Sólo usted puede decidir el cambio aquí y ahora; yo decido, no voy a esperar a que el mundo cambie. Muchas personas le rezan a Dios; le piden que, por favor, cambie a este mundo, al país, a su familia, y cuando están enfermas en cama se dan cuenta de que se requiere cambiar la oración por algo así como: "Me equivoqué; ayúdame a cambiar y estoy seguro de que el mundo cambiará".

Entonces, estoy seguro de que el requisito primordial para aprender y asimilar experiencias es cuando se equivoque. Pregúntese: ¿en qué me equivoqué? Hay que evaluarnos constantemente porque siempre le estamos echando la culpa a la familia, amigos, nuestro jefe, hijos, esposa y a todo lo que se mueva: "Perdí mi trabajo, perdí mi pareja y mi dinero". Para que nada de esto le suceda simplemente tenga humildad por aprender de sus errores; requisito indispensable para triunfar de muy buena manera. Tenemos en mente que triunfar es poseer mucho dinero, bienes, riquezas por doquier, pero la realidad no es esa; en mi caso, esto no lo aprendí en un aula de clases, sino al darme de golpes en mis trabajos y fue mejorando poco a poco al compartir con muchas culturas de diferentes países, caracteres, sueños ajenos, trabajamos, haciendo equipo, trabajando en conjunto. Cuando una persona reconoce que algo está funcionando mal en ella, ya tiene un porcentaje muy alto de camino recorrido para cambiar, y doy un ejemplo: alguien con temperamento alto, un individuo que es muy gordo, una persona que consume drogas, otra que consume mucho alcohol. Cuando reconocemos estos errores y tenemos la humildad de aprender de nosotros mismos, el cambio en automático comienza a operar a favor, ya que se activa un autoconocimiento, o un autorreconocimiento, y a partir de ese momento se gesta el cambio, lo que realmente debe ser.

Debemos seguir aprendiendo diariamente a cada minuto, ya que los tiempos de aprender no existen, son todos los días. Aprender debe ser el vicio más fuerte que hay que mantener por el resto de nuestra vida y a alta velocidad, y aprender de los triunfadores, hacerlo como una disciplina constante. Si realmente quiere aprender algo en la vida, estoy completamente seguro de que debe buscar a los mejores, a los que ya triunfaron, a los que ya tienen los resultados. Y a partir de ahí, desde la cumbre de esa persona, comenzará su mejor recorrido de vida; sin embargo, para eso se requiere una gran humildad, para poder triunfar de buena forma. Cuando inicié en el mundo de la hotelería, pensé que iba a llegar de inmediato como jefe, y sorpresa, mi primer trabajo fue en una cocina, era el eslabón más pequeñito del restaurante, pero yo sentía por dentro la cadena y el candado de ese restaurante.

Muchas personas, amigos, familiares, colegas, maestros me han comentado: "Has llegado lejos, estás triunfando, Miguel", y mi contestación siempre ha sido que el resultado de hasta donde he llegado en el mundo organizacional ha sido por pagar un precio como viajar por muchas partes, conocer otras culturas y abrir mi mente y corazón, y decir: "Sencillamente enseña lo que sabes hacer y no te fallaré". Imagínese por un momento que está un niño llorando y pasa su papá y le dice: "Hijo, aprende a perder", y el niño le responde: "Papá, perder sí lo sé, lo que no sé es cómo ganar". Debemos aprender a ganar, ya basta de decir: "Nací perdedor, nací culpable por esto, por aquello, y por esto otros nacimos sufriendo". Detengamos eso, llegó el momento en que debemos de ganar. Viajando y conociendo muchas culturas he llegado a la conclusión de que pensamos igual en todos lados; lloramos, sufrimos, nos encanta hacernos las víctimas y terminar como perdedores. Yo consideraba que sólo eso ocurría en Latinoamérica, pero no.

De ahora en adelante debe pensar que quiere ser un triunfador, una persona de bien, la cual va a tener una conexión con su mente y corazón; el objetivo de este libro es aprender a triunfar, y para eso requerimos maestros del triunfo, gente que nos enseñé cómo le hizo para llegar. Recuerde esto siempre: de su cerebro y de su tiempo salen vacaciones en familia, su coche y uno de los sueños más grande que tenemos todos, es decir, una casa propia, deportes, entradas al teatro, la educación de sus hijos. ¿De dónde sale todo eso?, de sus propios conocimientos y pensamientos. Lo que tenemos que hacer a partir de este momento en que está leyendo este libro es aprender de los mejores del mundo; un principio de excelencia indica: "Ser excelente es hacer las cosas y no buscar razones para demostrar que no se pueden hacer".

El fracaso tiene más de dos o tres excusas, el éxito no requiere explicación, por lo cual se explica por sí solo. Por favor, no espere a que las cosas sucedan, porque sino, asesinamos nuestros propios sueños; siempre vaya a la acción, por sobre todas las cosas. En los lugares que he trabajado, en grandes organizaciones y sus formaciones, por sus antecedentes religiosos y por la forma que fueron educados han hecho de la esperanza una virtud, y no esperar a que las cosas sucedan. Malas noticias, porque no es muy diferente la esperanza de tener certeza de lo que está haciendo. En el continente americano somos muy religiosos, es posible ver a una persona muy rica y a una muy pobre pidiéndole a la Virgen; la religión es un tema bastante controvertido, y aquí sólo quiero dar este ejemplo corto de que siempre estamos pidiendo milagros en todo momento. Pero de milagros no se vive.

De donde debemos partir en nuestra vida es desde la realidad propia, y esto cuesta un mundo aceptarlo, pero de ahí debemos iniciar todos los seres humanos. No importa dónde estemos, con todo y adversidades, con la situación que se tenga, con toda esa verdad debemos empezar, porque siempre se comienza con lo que no se tiene, no con lo que contamos a nuestro alrededor. Doy un ejemplo, una de las empresas más grandes del mundo, como Disney World, que hasta ahora hace feliz a muchos grandes y chicos, comenzó con cuarenta dólares y un sueño atado a su realidad, con una hipoteca, con un préstamo, con algo. Todas las grandes empresas empezaron de muy abajo, porque para crear tenemos que creer, si no creemos, no vamos a crear nunca. Primero es un acto de fe, no un acto de esperanza; estoy seguro de que voy a salir adelante, de que voy a triunfar.

Pero antes de seguir avanzando con este capítulo, el cual me emociona bastante, incluso más que los anteriores, es saber quién no es un excelente; y a esto me refiero a los mediocres, ya que la gente no excelente decide ser excelente o mediocre, y el mediocre es un ser vulgar, común, uno más de los millones de seres humanos que viven en la oscuridad. ¿Qué es ser un mediocre?, en primer lugar, los mediocres provocan hasta ardor, y ese es el típico colaborador que dice: "Para qué te esfuerzas tanto, si sólo se vive una vez en la vida; tranquilo, relájate, deja que los demás trabajen". Son personas a las que yo considero como peste social. Había una vez un mediocre de esos que se están quejando, están padeciendo, porque además estos consideran que es una obligación de las personas que tienen posibilidades económicas regalarles o darles dinero, o que les hagan el trabajo; ellos creen que es un derecho que les da precisamente ser mediocres, "como soy un pobre inculto, me tienes que dar dinero". Por lo general, cuando voy por la calle y me encuentro con alguien que tiene dos pies como yo, dos brazos como yo, dos manos como yo y me pide dinero, no les doy nada, sólo les pregunto: "¿Por qué no trabajas?, tienes las mismas capacidades que yo", y se molestan mucho y salen corriendo o me dicen groserías.

Los seres humanos tenemos una cultura bastante equivocada, somos pedinches a diestra y siniestra desde que somos pequeños. Algo que nos cuesta mucho es ser independientes, nos encanta depender de alguien, de nuestros papás, abuelos, tíos, padrinos o de nuestra esposa o esposo. Si por casualidad tiene un familiar con mucho dinero y lo está juzgando todo el tiempo, comentando: "¿Por qué mi tío o primo no me da dinero?, tanto que tiene, el muy degenerado; qué se creerá". Recuerde esto, el envidioso no quiere lo que usted tiene, sino que pierda lo que tiene; siempre desean lo más negativo para nosotros, ya que ellos nunca han podido llegar a donde usted está. Así que tenga mucho cuidado con quién anda y a quién le cuenta sus planes a futuro. Lo que usted le apueste a la vida será lo que esta le dará; todo dependerá de usted en todo momento, por lo tanto apuéstele todo a lo que le dicte su mente, nada depende de la esperanza puesta en Dios o en la Virgen.

¿Cuál es la columna vertebral de los seres humanos?, la fuerza de voluntad, ahí es donde se sostienen las agallas, la fuerza y esa determinación que requiere un ser humano. El mediocre nunca se compromete ni con su vida, y qué significa esto, que para lograr algo en la vida, decía un pensador de hace dos mil años de antigüedad, necesitamos estar dispuestos a dar la vida por nuestros sueños. Cuando apostemos nuestra existencia por nuestros sueños, cuando corremos todos los riesgos (capítulo uno) y miedos por conseguirlo. Un ejemplo muy clásico es ver cómo se obtiene un campeonato de béisbol, todos los jugadores deben comprometerse, entrenar todos los días para dar el máximo; esto indica que los comprometidos apuestan su vida, y que los involucrados sólo están de vacaciones temporalmente, trabajan más o menos, pero no están comprometidos. Otro caso son las personas que se pasan de un partido político a otro, de religión a otra, y se regresan porque no les gustó. Entonces, esto nos indica que simplemente son unos involucrados, no dan la vida por su sueño y mucho menos creen en eso que están haciendo; están ahí mientras les conviene. Sin embargo, lo más desafortunado es que los mediocres siempre buscan culpables; cuando nos equivocamos, debemos reconocerlo de inmediato, y eso se llama ser honesto con nosotros y con las demás personas que nos rodean.

Toda experiencia es valiosa cuando nos hace crecer y ser más grande de lo que podemos llegar a ser; es valiosa cuando nos lleva a otras latitudes, y nos hará sentir bastante pleno. Lo más importante es saber qué hacer con la experiencia; un ejemplo: eran dos hermanos, sus padres se separaron cuando ellos tenían cuatro años él, y siete años ella. Al poco tiempo se murió su papá, y en una reunión estábamos conversando sobre la niñez y juventud de ellos, y le dice ella a él que en su niñez y juventud sufrió mucho y había tenido muchas carencias por la falta de papá; veía trabajar a su mamá desde muy temprano por la mañana y que había sufrido mucho. Luego le preguntó a su hermano que qué opinaba de su niñez e infancia, y este le respondió: "La mía fue maravillosa, pude observar a mi madre trabajando, me inculcó muchos valores, los cuales todavía a esta edad de cincuenta y cinco años los tengo", y ella lo interrumpió: "Espérame, porque yo no vi eso, ¿acaso hablamos de la misma mamá? Él respondió que sí. "Pero cuál es la gran diferencia entre tú y yo, qué hiciste tú, hermana, con la experiencia de vida, y qué hice yo con esta. Ahí radica todo, y es fundamental, ya que nunca es tarde para tener una infancia feliz; te pido, de favor, que tomes lo malo de tu pasado y tíralo a la basura, te está dañando, te maltrata, te ahoga y te hace sufrir, porque como seres humanos nos encanta recordar lo malo; somos expertos en eso".

Entonces, tenemos que darnos cuenta de que es impresionante el poder de la experiencia, debemos usarla, no que ella nos use como normalmente hacemos. Tomar lo mejor y arrojar toda la basura mental que podamos, porque si no, vamos a ser víctima de las circunstancias. Esto lo he escuchado miles de veces en muchas organizaciones en las cuales he trabajado: "Miguel Ángel Peña, para ti es muy fácil decir cambia, porque tú no estás en mi lugar (y con la mano en el pecho)", y me lo dicen como si fuera una tragedia, un drama bastante organizado, así lo llamo yo. Me recriminan que no soy de México, pero sí soy mexicano, y les respondo: "He recorrido parte de América del Sur, Europa del sur, del norte, y Reino Unido, y en esos países también hay personas que lo dicen, así como ustedes". He tenido la gran oportunidad de conocer poco más de diez países y no he encontrado un ciudadano en estos que esté contento con su Gobierno; la verdad, es algo bastante difícil, porque siempre nos la pasamos quejándonos de todo, nada nos gusta, todo está mal, y para terminarla de acabar, nos sentimos don Perfectos, porque siempre nos hace falta algo para ser felices. Somos unas víctimas mediocres.

En la vida hay muchas cosas absurdas que hace la gente, las cuales se convierten en pecado, robar, pelear en la calle, faltarle el respeto a los demás, pedir dinero en la calle, mentir todo el tiempo, tapar las mentiras, pegarle a un familiar o dejarle de hablar; estos y miles más, pero hay uno que, la verdad, es lo más bajo que pueda haber en esta vida, y es tener envidia, la cual no sirve de nada, al contrario, hace daño porque es la frustración más grande del mundo. Por lo general, la gente envidiosa siempre busca humillar a los demás, porque está en un estado de frustración de que "el otro pudo y yo no, que esa persona sí llegó y yo no puedo". Eso es pura envidia, y esta corroe. Debemos aplicar y mantener una actitud correcta porque científicamente está comprobado que 88 % de las personas con éxito en la vida tienen una buena actitud, y están dentro de ese 88 % o más, y pueden ser deportistas, abogados, maestros, psicólogos, doctores y cualquier otro oficio. En realidad, no importa la actividad, sino la actitud y la pasión con que la realicemos; eso es lo que marca la diferencia entre los mediocres y los de excelencia, ¿por qué?, porque es una actitud positiva.

Ser propositivos nos convierte en personas que avanzan en el camino. Le doy un ejemplo clásico de cuando éramos muy pequeños en mi época. Mi padre se levantaba por las mañanas y escuchaba música de Ludwig van Beethoven, Wolfgang Amadeus Mozart y Fryderyk Franciszek Chopin, así como de otros compositores clásicos, pero por las noches, cuando llegábamos a casa a descansar, prendía la televisión y se ponía a ver noticias, las cuales le fascinaba; y a mí en lo personal nunca me gustó ver las noticias. Entonces, él se despertaba escuchando muy buena música, y se acostaba viendo y escuchando noticias; y al otro día en el trabajo, me acuerdo claramente, las comentaba con sus amigos, tomándose un café en la panadería de siempre. Pasaba más de una hora conversándolas y reparándolas, porque eso es lo que hacía, acomodarlas de la mejor manera. Y qué frustrante era saber que perdía más de una hora en eso; a medida que fui creciendo y madurando, mi padre decidió tener un solo televisor para los dos, y un día se me ocurrió comprar un Atari 32 (una consola de videojuegos), el cual instalé en su televisor y sin permiso. Con el tiempo empezamos a jugar los juegos que tenía el aparato; llegamos a una etapa en que jugábamos todos los días hasta la una o dos de la mañana todos los días, y logré quitarle el vicio tan negativo que es ver las noticias todos los días.

Lo primero que debemos reparar son las conductas, porque nos metemos a bañar y prendemos la televisión en las noticias; vamos en el auto, prendemos la radio y más noticias; llegamos a casa y prendemos de nuevo la televisión para ver las noticias. Varias investigaciones afirman que la mayor fortaleza moral de un líder es el optimismo; cómo cambiar el presente, cómo cambiar el futuro en un instante, sencillamente es cambio de actitud. Sea feliz con lo que no tiene, no con lo que tiene; debemos aprender a ser felices con todo y las adversidades. A esto se le llama optimismo puro. Debe tener la determinación de que realmente va a lograr sus sueños, y eso es convencimiento de que el triunfo va a llegar muy pronto a sus manos.

En resumidas cuentas, la excelencia (excederse) es aquello que sobresale. ¿Hace las cosas de forma excelente? ¿Es de los que piensan que las cosas bien hechas cuestan más, pero merecen la pena? ¿Le gusta esforzarse y dar siempre lo mejor? No se trata de manías, obsesiones o perfeccionismo, sino de buscar la excelencia personal constantemente. La excelencia personal o laboral es la base que marca la diferencia de hacer las cosas. Como persona y trabajador dentro del mundo organizacional, elijo este lema como una forma de vida. Soy un hombre que se da la importancia de conocerse a sí mismo, que me mantengo vivo, el espíritu de superación y que cada día me esfuerzo por dar lo mejor de mí en todos los escenarios; es un empeño de todos los días, lo podemos ver como una disciplina constante, como quedó expuesto en un capítulo anterior.

En una empresa en que laboré, la gente trabajaba sin ganas en cosas que no la motivaba; todo lo que se oía eran quejas y que muy pocos tenían iniciativa, pero había quienes nos atrevíamos a realizar cosas diferentes. Estas personas, compañeros de trabajo, me preguntaban: "Cómo le haces para mantenerte con esa disciplina, con esas energías, con ese carisma y esa sonrisa que te caracteriza todo el tiempo". De hecho, uno de mis lemas es sonreír siempre; pruébelo y verá que hasta las puertas se le abrirán cuando lo hace de forma natural. Una de las respuestas que siempre daba a las personas que me preguntaban lo anterior era la siguiente: "Sé lo que quiero en mi vida personal y en mi vida profesional, y debo hacer lo que tenga que hacer cuando lo tenga que hacer, con una disciplina constante todos los días". Muchos me miraban como pensando que no estaba bien de la cabeza. A los que no preguntaban voy a decirle cómo los veía yo, muy distinguidos, basando su vida en valores, vistiéndose con una actitud bastante positiva y muy proactiva, apostando por ellos mismos, con gran seguridad personal. Y en el mundo organizacional lo que siempre se busca es eso, no creo que después del 2000 las empresas hayan pensado en que los ejecutivos y resto de colaboradores deben tener estas súper cualidades, las cuales son blandas. Pienso que siempre ha sido así.

Buscar la excelencia personal no significa ser arrogante, ni estar por encima de los demás, sino rendir al máximo en la carrera de la vida, en la cual no se compite con otros, sino con nosotros mismos. Cuando vivimos en un continuo afán de superación, nos convertimos en una fuente de inspiración para otros que ansían ser felices durante el camino, y esta es la clave, sentirse feliz constantemente haciendo e investigando lo que nos gusta, bien sea en el trabajo o en la vida diaria. Veamos un poco cómo es una empresa orientada a la excelencia de los clientes.

La excelencia consiste en crear valor sostenido para el cliente. Las organizaciones excelentes conocen y comprenden a profundidad a sus clientes. Estas organizaciones responden a las necesidades y expectativas que sus clientes tienen en cada momento, y cuando resulta conveniente, los segmentan para mejorar su respuesta. Anticipan de manera eficaz cuáles serán las necesidades y expectativas de sus clientes y actúan en el presente para satisfacerlas, y, si es posible, excederlas; asimismo, establecen y mantienen excelentes relaciones con todos ellos.

Liderazgo y coherencia en los objetivos

Excelencia es ejercer liderazgo con capacidad de visión, que sirva como inspiración a los demás y que, además, sea coherente en toda la organización. Las empresas excelentes cuentan con líderes que establecen y comunican una dirección clara en sus departamentos y que, al hacerlo, unen y motivan a los demás líderes para que con su comportamiento pongan el ejemplo a sus colaboradores. De este modo, se muestra una organización con una identidad clara, donde confluyen un conjunto de valores y principios éticos de comportamiento que comparten todas las personas que la integran.

Gestión por procesos y hechos

Excelencia es gestionar la organización mediante un conjunto de sistemas, procesos y datos, interdependientes e interrelacionados. Un conjunto de procesos claros e integrados hace posible y garantiza la implantación sistemática de las políticas, estrategias, objetivos y planes de la organización. Estos procesos se despliegan, gestionan y mejoran de forma eficaz en las actividades diarias de la empresa. La organización está dirigida con gran profesionalismo y alcanza y excede todos los requisitos que desde el exterior se le exigen. Se identifican e implantan las medidas preventivas adecuadas, inspirando y manteniendo altos niveles de confianza en los grupos de interés.

Desarrollo e implicación de las personas

Excelencia es maximizar la contribución de los colaboradores a través de su desarrollo e implicación. Las organizaciones excelentes fomentan y apoyan el desarrollo personal, lo cual permite a las personas hacer realidad y manifestar su potencial. Así, preparan a los colaboradores para superar y adaptarse a cualquier cambio, ya sea de tipo operativo o que requiera nuevas capacidades personales. Maximizan la implicación potencial y activa de las personas mediante valores compartidos y una cultura de confianza, transparencia, delegación y asunción de responsabilidades. Se fomenta una mayor competitividad, lograda mediante una mejor imagen de la empresa y las personas de la organización alcanzan plenamente todo su potencial.

Proceso continuo de aprendizaje, innovación y mejora

Excelencia es desafiar el *statu quo* y hacer realidad el cambio aprovechando el aprendizaje para crear innovación y oportunidades de mejora. Tienen una mentalidad abierta para aceptar y utilizar las ideas de todos los grupos de interés. Animan a las personas a ver más allá del día a día y de las capacidades actuales, guardan celosamente su propiedad intelectual y la aprovechan para obtener beneficios comerciales cuando resulta conveniente.

Desarrollo de alianzas

Excelencia es desarrollar y mantener alianzas que añaden valor. Las organizaciones buscan establecer y emprender alianzas con otras organizaciones. Estas alianzas, que les permiten dar mayor valor a sus grupos de interés optimizando las competencias claves, pueden establecerse con clientes, sociedad, proveedores e, incluso, competidores, y se basan en un beneficio mutuo claramente identificado.

Responsabilidad social de la organización

Excelencia es exceder el marco legal mínimo en el que opera la organización y esforzarse por comprender y dar respuesta a las expectativas que tienen sus grupos de interés en la sociedad. Tienen muy presente, y fomentan activamente, la responsabilidad social y la defensa del medio ambiente tanto del hoy como del mañana. Mediante un compromiso abierto e inclusivo con los grupos de interés, estas organizaciones satisfacen y exceden las expectativas y normativas de ese nivel local y, cuando resulta adecuado, global.

Veamos un poco cómo es una empresa orientada a la excelencia de los colaboradores. Comparto algunas combinaciones de lo que sería la excelencia de los colaboradores dentro de mi mundo, para dejar a un lado la mediocridad en pos de la excelencia.

   A. La excelencia personal comienza por el conocimiento de nosotros mismos, por saber cuáles son nuestras fortalezas y áreas de oportunidad, esto último, áreas de oportunidad, será lo que nos llevará a triunfar. Porque para tener humildad debemos ser muy sinceros y reconocerlas.
   B. Dar lo mejor de nosotros mismos; no importa el resultado. La vida es un laboratorio en el que experimentamos continuamente. Si algo no sale como esperábamos, entonces ya sabemos cómo no hacerlo. No llorar, no sufrir.

C. Siempre estaremos satisfechos si hemos disfrutado y dado lo mejor de nosotros, con una intención positiva.
D. Entrenarnos en dar la mejor versión de nosotros mismos requiere un esfuerzo disciplinado constante y bastante difícil; sonreír a pesar de estar triste, ponernos en el lugar de los otros, aunque estos no siempre sean amables; ser asertivos a la hora de expresar lo que pensamos, etc. Lo bueno es que nos sentiremos muy bien personalmente, y es la mejor forma de recibir lo mejor de los demás.
E. Actitud positiva y proactiva, La actitud ante la vida es algo personal e intransferible; atención, yo no puedo comer, y usted ir al baño por mí. Suena fuerte pero así debe de ser, intransferible. Cada quien elige la suya. Enfrentar la vida de manera positiva hará que las dificultades se vuelvan oportunidades, que nos enfoquemos en las soluciones, no en los problemas y que nuestra vida esté dirigida siempre hacia el éxito.
F. No importa lo que pase fuera, sino lo que construyamos dentro de nosotros. Da igual si llueve o el sol esté radiante, la persona positiva lleva dentro su propio clima. Suena raro, pero así es.
G. Creer que se puede. Cuando creemos que podemos hacer algo, tenemos todo lo que necesitamos para conseguirlo, porque quien cree, crea.
H. Vivir en congruencia. La fuerza de las personas que buscan la excelencia en lo que hacen reside en sus valores. Vivir acorde con nuestros principios es vivir en congruencia con lo que somos. Trabajar siempre con valores por sobre todas las cosas.
I. Pensar en grande. Si nos acostumbramos a pensar en grande, le estamos diciendo a nuestra mente que eso es lo que queremos. Pensemos en grande y seremos grandes.

Enfóquese en todo lo que quiera hacer y conseguir, no se ponga límites, sueñe en grande, y verá cómo su entusiasmo y motivación irán creciendo. Y no olvide que el éxito (como lo quiera ver) es la realización progresiva de un gran sueño personal, sea cual sea este. Ahora ya habrá comprobado que la excelencia personal no está relacionada con hacerlo todo perfecto, sino más bien con ser cada día un poco mejor. Lo invito a dar diariamente la mejor versión de usted mismo. Cada mañana tiene la opción de elegir qué le va a transmitir al mundo y cómo quiere hacer las cosas. Puede seguir siendo uno más o empezar a marcar la diferencia. Usted decide.

Capítulo 10
Saber cómo fracasar

[Busquemos a alguien que nos haga salir
de la zona de confort todo el tiempo]

A muy temprana edad, yo le temía muchísimo al fracaso; del uno al diez, veinte. Realmente temía mucho si algo me salía mal, me daba miedo decirle a mi papá que había perdido mi papagayo, el juguete que me había comprado semanas antes; o comentarle si había roto una pieza de una ropa que me había regalado con mucho amor. Una vez me compró una patineta, la cual usé una sola vez. Salí con mis amigos a patinar, y en una bajada me caí y me raspé los codos; llegué con los codos ensangrentados y sólo me dijo: "Vamos al doctor de inmediato". En ese momento, descubrí la paciencia que tenía mi padre conmigo. La verdad, lo admiro y siempre me queda ese recuerdo, nunca explotó contra mí. Recuerdo claramente que esa fue la primera y la última vez que me subí a una patineta.

Al pasar el tiempo, mi padre notó esta cualidad en mí, y poco a poco me fue dando responsabilidades que yo ni entendía, para que el miedo, el cual todos padecemos, se fuera amansando; sin embargo, la verdad es que nunca lo pude amansar, vive conmigo, en mi hombro izquierdo, lo llevo siempre, hablo con él, le comento todas las actividades que voy hacer; incluso, hago mi plan de acción en mi vida personal y laboral, y le advierto de muy buena manera que lo voy a lograr, le guste o no. Una vez compré mucha madera, le pedí al carpintero que, por favor, me diera las piezas que yo necesitaba exactas; también adquirí unos baleros, simplemente quería hacer un patín del diablo, pero de madera. La verdad, qué inocente y qué atrevido al mismo tiempo. Mi padre me miraba, pues yo estaba muy sospechoso con las maderas, los tornillos, los baleros y la pintura.

Una vez construida tomé una bajada de un estacionamiento y me subí en la patineta; a los minutos, se partió y se destruyó aquel proyecto que duró más de un mes, porque lo hice a escondidas de mi padre, según yo. Me caí, me raspé las rodillas, los brazos, los codos, y simplemente le dije a mi padre: "De nuevo me caí y me siento mal, ¿por qué me caigo constantemente, papi?". Así le decía yo, papi. Y sólo me contestó: "Ya sabía que estabas construyendo un patín del diablo, el carpintero me lo comunicó y me dijo que te había dado las piezas que habías pedido. Que te caigas de una patineta, un patín del diablo o de la bicicleta, no tiene por qué frustrarte y mucho menos hacerte sentir que has fracasado en ese pequeño proyecto que hiciste del patín del diablo. No se dio como quisiste, ahora te toca aprender de ese error. Miguel, el fracaso es un proceso, si fallas en algo, eso significa que fallaste en un resultado, pero no en todo". Sólo fue un proceso, como lo escribí tres líneas atrás.

La verdad, no entendía nada y seguía llorando; mi padre era un hombre de pocas palabras para corregir, de hecho nunca me regañó, nunca me golpeó y nunca me maltrató. No entendía su paciencia, ya que todo lo aprendí de él, con el ejemplo que él daba a las demás personas en su trabajo, al cual yo iba mucho, con su familia de él, y en nuestro hogar. Se me quedó muy grabado en mi mente unas palabras que hasta hoy las conservo: "Eres un niño guerrero, y estoy seguro, incluso apostaría a que lo que te propongas vas a conseguirlo, nada es fácil en esta vida. El peor peligro que te puede pasar es que te paralices por las dudas y temores que puedas sentir, ya que podrías renunciar a tus proyectos y abrir y cerrar puertas todo el tiempo, lo cual no está bien". A qué se refería con esto, que yo podría caer en formar un proyecto y no darse, y a la mitad renunciar a él una y otra vez. No tomemos los fracasos como personales. Recordemos que el éxito no es un destino, sino un viaje que se inicia "y el éxito lo vas a ir alcanzando día tras días, según lo que hagas". Seguía comentando mi papá. "Los errores que cometas de niño, adolescente y de adulto serán tus puentes para el éxito". Menos entendía.

Durante la adolescencia mi padre me pagaba para trabajar en sus propios negocios, pertenecía a la nómina de sus colaboradores, vestía como ellos, comía con ellos, el sueldo era el mismo que el de ellos, las prestaciones sociales eran como las de ellos, incluso en algunos casos me mandaba a la casa de ellos para que viera cómo vivían y cómo mantenían un hogar con ese sueldo bajo. Todos sus colaboradores lo amaban y lo respetaban, y sus clientes siempre quedaron satisfechos. ¿Qué me brindaba mi padre además del sueldo que era como el de cualquiera de su empresa?, me enseñaba cómo tratar a las personas, cómo desenvolverme ante las personas, cómo negociar con los proveedores, cómo hablar el idioma del dueño, cómo impactar ante la sociedad, cómo comunicar de forma efectiva, cómo generar riqueza mental y, por último, lo cual me quedó bastante claro: cómo saber fracasar y no morir de tristeza, algo no muy normal a la edad de quince años.

Mi padre decía que en el mundo de los negocios no siempre es ganar, ganar y ganar. También debemos saber perder y de la mejor forma. Mi papá no fue a la escuela, sólo cursó hasta la primaria, posiblemente debido a sus circunstancias personales. Porque aunque planifiques, controles y ejecutes pueden salir muchas cosas mal o fuera de control, y mi padre era un experto en el tema, lo cual siempre me pregunté cómo había podido lograr eso si no asistió a la universidad. Es muy fácil. En mi caso, en el aula escolar no me enseñaron todo lo que está en este libro, y lo digo con todo el respeto del mundo para ese organismo universitario en el cual me gradué. Todo lo que está aquí se lo debo a las raíces de mi padre, investigaciones, directores de empresas, compañeros de trabajo, colegas, mentores con los cuales trabajé durante muchos años y compartimos vivencias laborales, de vida, constantemente y de mi propia cosecha, que ha sido viajar, conocer culturas diferentes, personas, costumbres, folclor, alimentos, bebidas, historias y haber estado a cargo de equipos de trabajo durante más de veinte años. Recuerdo que empecé con dos personas en mi primer puesto de trabajo, hasta llegar a trescientas cuarenta y cinco, lo cual me ha hecho aprender cómo se comporta el ser humano y por qué tiene tanto miedo al fracaso. El fracaso es lo más interesante que pueda experimentar el ser humano, veamos el lado positivo de este y seamos conscientes de que tenemos que fracasar para llegar y cumplir nuestras metas planteadas.

Empecé mi carrera universitaria con muchos compañeros, éramos, si no mal recuerdo, treinta, todos jóvenes entre dieciséis y treinta años, incluso con hijos algunas compañeras. Todos empezamos con buenas vibras, ánimo, ganas de ser los próximos gerentes generales del siglo XX, creando las mejores oportunidades para los demás y haciendo el bien constantemente. Vaya que no fue fácil, porque no llegamos todos al mismo tiempo, en el camino muchos desertaron, otros se unieron a la mitad de la carrera, y finalmente sólo nos titulamos algunos personas, de los cuales sólo tres ejercemos, y de esos tres únicamente uno consiguió a la meta. ¿Por qué unos llegaron a la meta y los demás no?, si tuvimos la misma universidad, idénticos maestros, las mismas clases, las mismas enseñanzas, los mismos salones, los mismos trabajos de investigación que nos mandaban, la misma área, la misma infraestructura, el mismo lugar donde se desayunaba y las mismas sillas. Simplemente es pasión, entrega, amar lo que haces y mucha disciplina, de la cual hemos hablado en varios capítulos anteriores. Hay familias en donde nacen muchos hijos y varios de estos son exitosos, pero otros fracasados, y esto sucede por la falta de valores y ejemplos en casa. Desde mi punto de vista, la mejor enseñanza son nuestros padres y hermanos mayores.

A la edad de treinta y cinco años le comenté a mi esposa que había tenido un fracaso laboral y realmente no quería volver a mi área en la cual me desempeñaba, quería emprender un negocio propio que me diera esos dividendos que también ofrece el mundo corporativo en el cual estaba, pero siendo yo mi propio jefe. Emprender a esa edad no fue fácil, pues resulta una responsabilidad bastante grande y delicada; no tenía ni idea en lo que me estaba metiendo a pesar de que yo era un especialista en ese emprendimiento. Tenía mi propio restaurante, el cual duró dos años en su primera etapa; estábamos muy contentos mi esposa, mi hijo de seis años y yo. Nos levantábamos muy temprano y nos acostábamos muy tarde, pero cuando llegábamos a la casa y mirábamos las ventas, ese cansancio era como tomar un té e irse a dormir. Y al otro día repetíamos la rutina hasta que el cuerpo aguantara.

Eso sucedió durante varios años. El negocio tomó otro rumbo tan positivo que yo mismo veía las expectativas, es decir, muchos clientes, muchas ventas, mucha fama, muy buen servicio. Finalmente, estábamos probando algo nuevo en una ciudad donde nadie nos conocía y fue mucho mejor para nosotros; fue como empezar de cero. Al pasar el tiempo se me ocurrió dejar esa ciudad y cambiarnos a otra, donde habíamos estado viviendo antes de casarnos. Hice todos los procesos que se deben hacer para realizar un negocio, para el cual las redes sociales funcionaban bien, no como ahora, que era la mejor plataforma para darse a conocer; incluso, estudio de mercado, peritaje de la zona, ubicación, contrato de renta por el primer año fijo, competencia… todo lo que requería hacer para echar andar el negocio, pero en otro lugar.

Y nos fuimos a la carga, se cumplió el sueño, empezamos con el mismo restaurante, pero dos veces más grande, y entre más grande, más inversión, más responsabilidades, más gastos de operaciones y costos directos. Y sin miedo, según yo, y tomando todo el riesgo del mundo, en tres meses abrimos las puertas nuevamente a un lugar espectacular donde seguíamos mi esposa, mi hijo de ocho años, nuestros colaboradores y yo. Todo marchaba bien Y aquí es donde se presenta la palabra miedo, la cual puede paralizar o hacer tomar decisiones malas sin analizar una salida viable. Créame, siempre hay una salida viable para todo obstáculo; analice y analice hasta el final.

Después de casi dos años y empezar a renovar otro contrato con seis meses de anticipación, me comentó la administradora del lugar que tenía mucha pena, pero que la renta debía subir a trescientos dólares más de lo que pagaba; de lo contrario, tenía que salir del lugar. No estuve de acuerdo con el monto, pese a que el negocio tenía apenas dos años y se estaba asentando de buena manera; la verdad, tuve mucho miedo en aceptar esa propuesta, la cual nos desagradó a mi familia y a mí. ¿Por qué tuve miedo?, porque esto implicaba subir los precios de lo que vendíamos en el lugar de un día para otro, y temí que mis clientes pensaran que lo hacía para ganar más dinero.

¿Cuál fue la parte que no pude ver en ese momento?, debí haber estudiado alternativas, como arriesgarme y subir los precios, buscar otro local en la misma zona y mudarme adonde pagara lo mismo o un poco más. Nunca tuve que haber cerrado el restaurante, porque ya tenía una clientela y cada día llegaban más y más personas al lugar.

Sin embargo, el miedo me atrapó, no confié en mí, en todo lo que había luchado por conseguir un sueño que tenía desde muy pequeño. Cuando no confiamos en nosotros, la negatividad se apodera de uno, así como los malos pensamientos. Déjeme explicarle por qué tener malos pensamientos es muy dañino para el cerebro. También, por qué debemos aprender de los fracasos de nosotros mismos y de los demás.

¿Es abogado, doctor, psicólogo, mentor, arquitecto, ingeniero, policía, vende tacos, hamburguesas, helados o cualquier otra cosa?, debe leer este capítulo muchas veces porque los triunfadores pueden ser cualquiera de los que nombré arriba, y para eso debemos entender la diferencia entre la gente que llega a sus metas y objetivos y la mediocre.

¿Qué es lo que hace destacar a unas personas de otras?, ¿por qué llegan tan lejos?, se preguntará, porque están llenos de bendiciones, suerte o lo que usted quiera pensar. Pareciera que algunos alcanzan cosas increíbles a pesar de las adversidades, sin que importe la clase de trabajo que hagan; donde quiera que estén hacen realidad cualquier deseo, y sin duda están por encima del promedio; sin embargo, las personas que han llegado lejos han fracasado más que nosotros juntos.

Entonces, qué hace la diferencia, por qué algunas personas llegan y otras no. Recuerde esto, la riqueza no es un índice de éxito, ni la pobreza es garantía de logros insignificantes. Por consiguiente, ¿qué es lo que hace la diferencia? Entre la gente que triunfa y el mediocre existe un factor, el cual nunca nos detenemos a pensar, siempre lo pasamos de largo: es su percepción de y la reacción al fracaso; ninguna otra cuestión en nuestros pensamientos tiene el peso del impacto en la capacidad de las personas de alcanzar y llevar a cabo cualquier proyecto por más pequeño o grande que se propongan y anhelen con todas sus fuerzas. La forma como miremos el fracaso y lo enfrentemos para mantenerse triunfando repercute en cada aspecto de nuestra vida; esta es una capacidad que podría pensarse difícil de adquirir, pues la mayoría no sabemos por dónde empezar a lograr lo que nos proponemos. En ningún lado nos enseñan a fracasar, ni en casa ni en el aula de clases; no estamos adecuadamente preparados para aceptar semejante tormento, como lo es fracasar en lo que le hemos puesto un empeño grande durante muchos años, sea en la vida personal o laboral.

Cuando me gradué de la universidad, no estaba preparado para lo que me esperaba más adelante, me di cuenta de esto al tiempo de trabajar por primera vez en el área en que me había recibido profesionalmente. Mi primer trabajo remunerado fue como conserje de playa de un famoso hotel en 2003, y trabajé bastante duro, con temperaturas de treinta y cinco a treinta y siete grados, pisando arena constantemente con gorra y lentes; llegué a tener dos tonos de piel. Me agradaba mucho comprobar que lo planeado durante tantos años me apasionará tanto como hasta hoy día. Hice todo lo que la gente esperaba de mí y un poco más, excedí, como yo lo llamo, mis expectativas, y recomiendo que usted también exceda sus expectativas personales y laborales. Me gustaba mucho conocer personas que pensaran igual que yo, que pudieran sentir esa pasión que tengo por atender a un huésped o a un cliente en un hotel y resolverle una situación.

Déjeme compartirle cómo nos debemos preparar para el fracaso, porque en la vida la pregunta no es si vamos a tener problemas, sino cómo los vamos a enfrentar; ahí está la clave del fracaso, qué es lo que vamos a hacer, vamos a hacer de ellos victorias o vamos a retroceder, a llorar y hacernos las víctimas. Me acuerdo claramente de muchas personas que han enfrentado problemas bastante graves y han salido de la mejor forma, porque han vencido muchos obstáculos, adversidades, lluvias, nevadas, situaciones que los han puesto en peligro. Ellos no dejaron que esos fracasos los destruyeran a la primera, ni a la segunda, ni a la tercera vez, porque se fracasa muchas veces, no se puede evitar.

Nosotros tenemos el mismo potencial para vencer cualquier problema, error o desgracia. Lo que debemos aprender es ver los fracasos como una batalla que culminó en una gran victoria, totalmente potenciales. Para hacer esto debemos estar muy preparados y aceptar que algo pasó en el proceso, verificar qué fue lo que salió mal y reconocerlo con toda franqueza. Uno de los más grandes problemas que tenemos al respecto del fracaso es que juzgamos apresuradamente situaciones aisladas de vida y las clasificamos como algo muy negativo; en lugar de pensar eso deberíamos mantener en mente la situación completa y analizar qué fue lo que ocurrió y qué aprendimos de esto, para no volverlo a hacer. Suena fácil, se lee fácil, pero no lo es. Entonces, cambiemos nuestras perspectivas del fracaso para que nos ayuden a perseverar, para que finalmente alcancemos lo que realmente deseamos. Veamos algunos aspectos de lo que no es el fracaso, pero nos enganchamos en el momento sin darnos cuenta:

1. Creemos que el fracaso se puede evitar, pero no.
2. Creemos que fallar es el resultado de algo, pero no lo es. Es un proceso.
3. Creemos que el fracaso es un objetivo, pero no lo es. Sólo usted decide si ha fracasado.
4. Creemos que el fracaso es un enemigo grande, pero no lo es.
5. Creemos que fallar es algo irreversible, pero no lo es.
6. Creemos que después del fracaso ya no hay más, pero no es así.

Lo más importante aquí es cómo se vea al fracaso, y verlo de forma correcta. Si tiende a fijarse en los extremos del éxito y del fracaso y centrarse en resultados muy particulares en su vida personal trate de poner las cosas en perspectiva; cuando lo haga, podrá compartir la siguiente frase: "Debo aprender a contentarme cualquiera que haya sido mi situación". Mantenga la fe para que conserve su perspectiva, ya que todos los caminos del éxito pasan por la tierra del fracaso, y esta se encuentra entre cada ser humano que tuvo un sueño y lo llevó a cabo. Por alguna razón pensamos que el proceso es algo muy fácil. Thomas Alva Edison dijo: "El fracaso en realidad es una cuestión de concepto, las personas no trabajan duro porque en su concepto se imaginan que van a alcanzar el éxito sin mayor esfuerzo". Y la verdad es una muy mala noticia, todos pensamos que vamos a despertar a las diez, once o doce del mediodía y todo se va a dar de la mejor manera, pero en realidad el éxito así no se trabaja.

Cada uno de nosotros debe tomar una decisión, pasarnos toda la vida quejándonos, culpando a otros, durmiendo o viendo televisión cinco horas al día evitando los fracasos a todo costo, o en algún momento vamos a reflexionar y a darnos cuenta de que el fracaso es simplemente un precio que hay que pagar para llegar al éxito que nos propongamos. Adoptemos esta definición, la cual es muy particular, pues yo mismo la he experimentado, he fracasado muchas veces en mi vida, pero he descubierto que debemos ir siempre a la acción, porque donde hay acción, hay resultados. Inténtelo, vaya a la acción; si se cae, levántese una y otra vez, una y otra vez.

En algún momento va a fallar en algún proyecto, en casa, en el hogar, con la familia, incluso en su trabajo. Y esto no se debe pensarse como un fracaso o que sea un fracasado, ya que los pensamientos de duda son los más dañinos para su cerebro y cuerpo; siempre debe salir adelante, luche por su tiempo, porque cuando invertimos tiempos en cosas negativas, lo estamos perdiendo. La mejor actitud ante los fracasos es ponernos en perspectiva y seguir avanzando, ya que cada persona de éxito fue una persona que falló por lo menos más de una vez y nunca se consideró como un fracasado. No es exagerado decir que a todas las personas con grandes éxitos se les han dado muchas razones para creer que han sido unos fracasados, pero a pesar de eso han perseverado frente a la adversidad, el rechazo y los errores; siguen creyendo en sí mismos y están renuentes a pesar de que no son unos fracasados. Agréguele a esto último mucha constancia y persistencia con un todo de disciplina para llevar a cabo lo que se proponga. A continuación, compartiré algunas habilidades que tendrá que desarrollar durante su vida, bien sea en el mundo laboral profesional o en lo personal para evitar que se deje vencer tan fácilmente:

1. Vea los fracasos como acontecimientos aislados.
2. Los triunfadores son realistas en lo que esperan.
3. Los triunfadores se concentran en lo que pueden hacer.
4. Rechace siempre el rechazo; es lo que piensa.
5. Los triunfadores varían las estrategias.
6. Los triunfadores siempre insisten, están sobre la marcha constantemente.
7. Vea el fracaso como algo temporal.

Si realmente quiere llegar al éxito, no permita que un incidente aislado afecte la opinión que usted tiene de sí mismo; es muy importante que la mantenga, haga lo tenga que hacer para conservarla. La vida es un resultado, bien sea positivo o negativo, pero siempre habrá un resultado, queramos o no. A veces no le gusta el resultado, y no es lo que usted buscaba, entonces piense en lo que hizo, pero que no volverá hacer para no repetir la misma historia o teoría, así no se considerará como un fracasado. Hay muchos ejemplos de fracaso en el mundo de grandes triunfadores, pero no vayamos lejos, estoy seguro de que conoce la historia de alguien que ha fracaso y no han podido seguir. ¿Por qué?, porque dejan que los fracasos los afecten emocionalmente, y eso les impide seguir esforzándose por alcanzar sus sueños. La verdad, es terrible decirlo, pero ese fracaso duele y mucho; a veces, física y con más frecuencia emocionalmente ver caer una parte de lo que trabajamos durante mucho tiempo (visión) realmente afecta y duele, pero cuando la gente se burla y lo ridiculiza, usted se sentirá mucho peor.

Así es como muchas personas se quedan atrapadas en ese limbo llamado miedo, y si el miedo lo vence a usted, va a tener muchos problemas, ya que es casi imposible transformar los fracasos en triunfos cuando sale de este. Lo anterior hará que entre en inacción, es como caer en el mar Mediterráneo solo y a la mitad de la nada. Será un espacio de temor y tormentas en la mente. He podido observar algunas acciones que tomamos cuando caemos en ese mar tan peligroso, las cuales quiero compartirle:

- A. Parálisis, y cuando esto entra en nuestra mente renunciamos a todo lo que podamos pensar que nos haga bien; ese es el fracaso puro, rendirse y volverse a parar de nuevo.
- B. Postergar será lo que más nos atormentará porque en nuestra mente siempre estaremos comentando: "Mañana lo hago, la próxima semana lo hago, el próximo mes lo hago" y así podemos terminar muchos años sin ir a la acción. Esto nos roba tiempo, productividad y potencial; recordemos que todo plan de acción tiene sus riesgos y costo, pero no tienen punto de comparación con los riesgos y costos de una súper cómoda inacción, y postergar es un precio demasiado alto a pagar por el temor al fracaso.

C. Falta de intención, y esto es simplemente querer evitar el dolor de cometer errores; en medio de ese transcurrir se pierde de vista cualquier sentido de intención que alguna pudimos haber tenido conforme con el miedo al fracaso y a la inactividad que producen; se combinan. Una persona en el ciclo del miedo exhibe efectos colaterales negativos adicionales, como autocompasión, excusas y mal uso de su energía y sentimientos de desesperanza, ya que muchos no pueden superar el miedo porque se enfocan en aspectos equivocados. Estos individuos piensan que lo que deben eliminar es aquello que generó el miedo, pero desafortunadamente no se puede evitar no tener miedo, ya que no hay claves, trucos, magia o cualquier cosa que te quieran vender para quitarnos el miedo. Lo va a seguir teniendo, y no se puede estar motivado para seguir adelante. Para conquistar el miedo debemos sentirlo, y aun así actuar por sobre todas las cosas, pase lo que pase, y haga lo que tenga que hacer donde lo tenga que hacer. Para derrotar el miedo y romper el ciclo hay que estar dispuestos a reconocer que será necesario pasar gran parte de la vida cometiendo errores.

La parte negativa es que si ha transcurrido tiempo inactivo le costará mucho volver a andar en lo que se proponga, pero la positiva es que tan pronto empiece a caminar le será mucho más fácil seguir y llegar nuevamente al nivel donde estaba, ya que si se mantiene en la acción, cometiendo errores, estará ganando experiencia. Cuando se logra vencer los dolores emocionales del fracaso, no importa cuán buena o mala sea su historia personal, la única cosa que importa es que usted enfrentó su miedo y logró regresar a la actividad, así estará dándose la oportunidad de aprender de la mejor manera. Theodore Roosevelt dijo que no progresa quien no comete errores, ya que su miedo es menos paralizante, pero todo proceso comienza con ir a la acción, y no hay que esperar a sentir emociones positivas para entonces arrancar de lleno.

Muchos triunfadores caen en el ciclo del miedo, lo mismo ocurre con las personas altamente exitosas. Cómo dar con el lado positivo de cualquier fracaso. Desde muy pequeño empecé a hacer deportes y muchos entrenamientos para llegar adonde quería; a pesar del tiempo, sigo practicando ejercicio y teniendo el miedo desde la primera vez que inicié. Sólo que siempre he dicho que lo llevo en mi hombro izquierdo, hablo con él, converso sobre el plan que quiero y entrenamiento a desarrollar para hacerlo un aliado, porque él nunca se irá de mí. Hay que invitarlo como si fuera un amigo con el que se habla frecuentemente, incluso pedirle consejos que puedan ayudar a sobrellevarlo. Háblese a sí mismo y confíe en lo que hace.

Cometer errores una y otra vez, aunque nunca estemos seguros, da como resultado que nunca logremos salir de lo que sería la línea del fracaso; siempre la vamos a seguir y no sabemos por qué. No caigamos en rutinas, ya que si es así, seguirá obteniendo lo mismo de siempre; fácil y sencillo. Pero ¿qué es lo que hace que la gente se mantenga en esa línea, fracasando y fracasando? Es simplemente un error muy común: el desorden, la falta de disciplina, pero los que se mantienen ahí no creen que de ellos sea el problema, ven cada obstáculo o error como una falta cometida por otra persona, y como resultado, por lo general, responden explotando constantemente, ya que no pueden mantener la ira. De seguro usted lo ha vivido o lo ha visto, ya que a la menor falta la gente reacciona con exageración, echando su frustración sobre ellos mismos, como una víctima, o a otro compañero. Y esto es muy delicado, porque si un ser humano no controla su temperamento, este lo controlará a él.

Encubrir los errores es, hasta cierto punto, algo normal y natural en los seres humanos, y esta tendencia data desde hace muchos años, de acuerdo con una investigación realizada por la Universidad de Stanford. Si alguien realmente quiere salir de esa línea que lo mantiene en fracaso, requiere hablar y decir lo que sucede, en vez de ocultar sus errores. Por lo general, las personas muy porfiadas dejan sus problemas atrás, en vez de ir a la acción, trabajar duro y rápido, pero sin cambiar de dirección. Es como cuando éramos pequeños y queríamos embonar una pieza cuadrada en una pieza redonda haciendo presión, hasta algunos buscarían un martillo y a martillazos buscarían meterlo; creo que en ese momento se está trabajando muy duro y rápido, como se debe de trabajar, pero sin ningún resultado, lo cual es muy desgastante y triste.

Darse por vencido será tremendamente insano; si no sale de esa línea tan negativa como lo es cometer errores y realmente no aceptarlos, irá más despacio, lo cual es igual a un colapso, como lo es un huracán categoría número cinco, sobre el cual compartí algunas experiencias en capítulos anteriores. Muchos piensan que no se puede salir de ese tipo de catástrofes que arrasan con todo lo que se encuentran en el camino; la única forma de salir de esos hábitos de esconder los errores y fracasar continuamente es buscar una salida viable, ser sincero con usted mismo y usar una herramienta de apalancamiento que, por lo general, no usamos o nos cuesta mucho emplear por el ego y orgullo que tenemos en nuestra mente:

YO ESTABA EQUIVOCADO: admitir sus errores y aceptar la total responsabilidad por acciones y actitudes equivocadas o de cada fracaso que haya experimentado, ya que es una oportunidad para tomar la mejor acción y aprender de las faltas cometidas y empezar de nuevo.

Asumir la responsabilidad por usted y sus errores. Triunfar o ser exitoso demanda que la persona asuma su responsabilidad todo el tiempo; de hecho, cuando a usted lo contratan como un líder de equipo o tiene su propia empresa, lo hacen porque previamente ya saben que es responsable, pues en su mente usted tendrá batallas que las ganará con inteligencia, talento y oportunidades que se presentarán. Demandar su carácter será la primera habilidad que tendrá que mantener todo el tiempo, porque usted no tiene que ir delante de sus compañeros de trabajo, sino ir delante de usted mismo. Aplíquelo en su hogar también.

A veces pasamos por tormentas, tempestades y huracanes mentales, y ¿por qué mentales?, porque los fracasos son internos, sólo ocurren en nuestra mente. Cuando aceptemos la responsabilidad por nuestros errores, estaremos mucho más preparados para poder convertir esos fracasos en triunfos. ¿Qué debemos hacer cuando las dificultades que implica ser líder nos presionan, nos agobian, causan angustia y dolores extremos? No importa si la situación ha sido creada por alguien ajeno, un colaborador, un ejecutivo o persona externa, no debe importar porque el fracaso es totalmente mental, como lo comenté líneas atrás.

Las personas que son insistentes resultan optimistas, pero no todas son optimistas por naturaleza, algunas nacen viendo las cosas de otro modo. No importa cuál sea su tendencia, usted podría llegar a ser bastante optimista. ¿Cómo?, es bastante fácil: aprendiendo a contentarnos nosotros mismos, independientemente de la situación que nos haya pasado; asumir tormentas y hacer lo mejor que pueda en cada situación. Sin embargo, existen cuestiones que no nos permiten contentarnos con nosotros mismos:

1. No podemos contener nuestras emociones, no podemos negarlas.
2. No es lograr posiciones, poder o posesiones; tendemos a creer que contentarnos es sinónimo de posesiones materiales o la máxima posición en la empresa donde trabajamos, pero estas no son las claves para contentarnos y ser felices. ¿Cuánta riqueza es suficiente en esta vida?, no lo sabemos, porque nunca es suficiente. Aprenda a ser feliz con lo que tiene. Esto quiere decir que contentarnos deriva de tener una actitud mental positiva, como esperar lo mejor de todo lo peor. Mantengamos una actitud mental positiva, aunque haya pasado por esos huracanes mentales, esto se traduce en que usted como líder de equipo debe buscar soluciones ante cada situación que se le presente, creyendo en usted, aun cuando los demás crean que usted ha fracaso en cualquier proyecto.

Una actitud positiva procede y nace desde adentro, ya que usted y sus circunstancias y su alegría no están relacionadas. A lo mejor puede pensar que yo no he pasado por fracasos, pero he fracasado más de una vez y me he levantado más de una vez, y esa es la gran diferencia entre los que se quedan en el piso y los que se levantan para seguir. Si todavía le cuesta trabajo creer que el fracaso es un asunto interno, va a requerir leer y ver videos acerca de personas triunfadoras, donde se relatan sus historias y cómo superaron las más difíciles circunstancias. Por ejemplo, Viktor Frankl, un hombre en busca del sentido de la vida después de haber pasado más de cuatro años en campos de concentración nazis, donde vio morir lenta y cruelmente a mucha gente, sin comer y con climas extremos, obligados a hacer carreteras a temperaturas diez grados bajo cero o más. ¿Cree que esto es tener actitud mental positiva? Claro que sí.

En mis tiempos libres me gusta montar en bicicleta largas distancias sobre la carretera. Lo hago desde que era muy pequeño, soy muy aficionado del ciclismo. He seguido la trayectoria de muchos ciclistas, como la de Lance Armstrong, quien me motivaba a seguir en las carreteras constantemente; sin duda, era impresionante verlo cómo atacaba las montañas y cómo se desenvolvía en sus técnicas. Fue ganador siete veces consecutivas del Tour de France, lo cual es algo único en el mundo y fuera de lo normal. Sin embargo, la derrota que tuvo fue haberse dopado durante años para lograr sus triunfos. También se le acusaba de haber cometido "fraude tecnológico", y la verdad así fue. Quedó fuera de combate, nulo como un cero a la izquierda. Después de atestiguar cómo cayó su carrera, y contarle a su familia el error que había cometido, debería de estar en un estado de dolor, desecho, acabado y sin familia, pero no. Veamos un poco qué ha hecho y cómo le va.

Lance Armstrong anunció que era uno de los nuevos inversionistas de la empresa estadounidense Athletic Brewing, con sede en Connecticut, que elabora cerveza artesanal sin alcohol. En esta aventura empresarial, lo acompañan otros famosos, como el jugador de la NFL

JJ. Cabe destacar que el mercado de la cerveza sin alcohol en Estados Unidos creció 38 % en 2020, lo que implicó facturar 184 millones de dólares frente a los 132 millones de 2019. Y, a pesar de la pandemia, el mercado de la cerveza artesanal sin alcohol ha crecido más de 300 % en los últimos años. Lance ha desarrollado amplios contactos en el mundo empresarial, especialmente en el mercado de deportes, *fitness* y salud, y ha sido invitado a participar en el lanzamiento de diferentes empresas. Sus numerosos contactos lo han llevado a primeras inversiones muy exitosas en Docusign (empresa estadounidense, con sede en San Francisco, que gestiona documentos con firmas electrónicas en diferentes dispositivos y que cuenta con más de 200 millones de usuarios). Vaya fracaso el de él. Los buenos ciclistas no se detienen en sus malas acciones, no si quieren seguir siendo buenos.

Siempre habrá una buena oportunidad para usted. Nunca se compare con nadie en ninguna situación, ni con los fracasos de otras personas, ya que el pasado de ellas pudo haber sido muy distinto al suyo. Los buenos ciclistas nunca se detienen ni a pesar de sus malas actuaciones, si quieren seguir siendo buenos. Siempre ha sido así en el caso del ciclismo mundial. Todo lo que nos pasa en nuestra vida laboral y personal dependerá de cómo nos hayamos planificado tiempo atrás, y muchas veces no podemos dejar atrás el pasado, algo que aterra a muchas personas hoy día. Veamos por qué.

Cada dificultad mayor que enfrente en la vida es un punto de equilibrio en el que sólo usted decidirá cuál dirección tomar, si avanzar y declararse derrotado. Si usted ha sido dañado seriamente, empiece por reconocer el dolor y pérdida que haya experimentado, luego busque la forma de perdonar a las personas que estuvieron involucradas, si las hubo, e inclúyase usted mismo, por supuesto, ya que esto será una buena fórmula de seguir adelante. Es entendible que pasar por este proceso le resulte bastante difícil, pero piense que hoy puede ser el día en que saldrá del sufrimiento del pasado que no lo deja vivir, para tener un avance hacia el futuro. Algo que debe rechazar constantemente es que algo de su pasado personal lo mantenga prisionero. Y muy atento con mentirse y decir: "Tengo muy buenas razones para no dejar atrás las dificultades pasadas", ya que eso creará una ceguera que le va a impedir encontrar las soluciones a sus problemas. Las excusas, no importa cuán fuertes sean, nunca conducen a la realización de algo que nos propongamos. Por lo general, este tipo de pensamiento del pasado, si no lo sabemos controlar y administrar, nos aislará, ya que para muchas personas es como un reflejo natural que los hace sentir cómodos y protegidos. Cuando las personas extrovertidas naturales se aíslan debido a su pasado, su situación empeora de manera ostensible.

Uno de los obstáculos importantes para vivir el presente son los remordimientos, ya que estos drenan la energía de los individuos y les deja muy pocos recursos para hacer algo positivo nuevamente.

Si usted es una persona amargada, debe tener mucho cuidado, pues estas no logran superar los problemas del pasado, ya que son las consecuencias inevitables de no procesar viejas heridas y tragedias, sin importar lo que haya experimentado. Recuerde que hay personas que les ha ido mejor que a usted y están peor, y existen a quienes les ha ido peor que a usted y están mucho mejor que usted. ¿Por qué sucede esto?, porque las circunstancias no tienen nada que ver con su historia personal, ya que las heridas pasadas pueden hacerlo un hombre sumamente amargado. Olvide el pasado, perdone el pasado, déjelo a un lado.

Cada dificultad que enfrente en la vida será un gran aprendizaje, y sólo usted decidirá cuál dirección tomar, si avanzar de manera rápida y precisa o declararse derrotado. Véase usted mismo por dentro si realmente ha sido dañado seriamente; empiece por reconocer el dolor y lamente cualquier pérdida que haya sobrepasado, así haya sido bastante grave, luego tendrá que perdonar a todas aquellas personas que estuvieron involucradas, sin descartarse usted mismo. Suena algo raro, pero es la pura verdad, y esto lo ayudará como una válvula de escape para seguir adelante como si nada hubiera pasado. Cabe entender que vivir estos procesos pudiera ser muy difícil de asimilar, pero usted puede hacerlo, sólo si piensa que puede ser su día importante para salir de ese pasado que lo tiene esclavizado y lleno de sufrimientos, y poder dar un avance realmente extraordinario hacia lo que usted quiere en su vida. No deje que nada de su historia personal lo mantenga encarcelado y sin agua.

Los grandes logros se concretan como resultado de un trabajo y periodo de fracasos tras fracasos, que nos ayudan a entender quiénes somos realmente y a qué venimos a este mundo. Pasé mucho tiempo mirando, escuchando, y hasta los movimientos de mis mentores los analizaba detenidamente, cómo conversaban con sus clientes y sus colaboradores, sobre todo el respeto que existía y que siempre vi en ellos. Estoy seguro de que mi mayor aprendizaje no fue en el aula de clases, sino con ellos y hasta la fecha sigo aprendiendo cada día más de personas nuevas que conozco. El gran aprendizaje que tuve después de haber dejado la casa de mi padre y las aulas de clases fue haber pasado de adolescente a adulto responsable, con mi primer trabajo en lo relacionado con lo que estudié, lo cual no me hace ni más ni menos que usted, sólo fue entender que si no trabajaba en equipo, no podría haber conseguido nada y mucho menos llegar a lo más alto en una empresa corporativa. Después de veinte años de aprendizaje en valores organizacionales, estructura organizacional, trabajando en equipo, ayudando a los demás, sin importar la posición, nuevos procedimientos y procesos, creación de una visión, misión de futuro poderosa, a construir un camino sobre el cual llevar a la acción, aprender relaciones internas, a coordinar un equipo de personas y crear relaciones de interdependencia entre la red de personas que invitas a formar parte de la empresa. Aprender relaciones externas, culturas totalmente diferentes de la mía y entender eso, creo que me llevó mucho más tiempo que aprender otras cosas, a pesar de que en el barrio donde me crié había más de cuatro nacionalidades, con las cuales me relacionaba muy bien y de buena manera.

Me embarqué en este mundo organizacional y corporativo, y poco a poco fui creciendo como si fuera una planta en un jardín, con agua, abono, sol y un poco de lluvia para poder seguir adelante con mucho miedo y temores que existían y siguen insistiendo en mi hombro. El miedo nunca se va a ir de su mente, jamás, y siempre tendrá que luchar contra él. Siempre que planeo algo en mi mente y lo plasmo, hablo con el miedo, siento que lo tengo en mi hombro izquierdo, con el cual tengo conversaciones previas y durante la acción y evito que no me deje avanzar, así ha sido mi propia técnica hasta la fecha. Quince años después accedí a un peldaño que a esa edad no me merecía, según las críticas, pero en mi mente yo ya estaba preparado para asumir mi liderazgo, el cual fue de mucha enseñanza y fracasos constantemente porque yo pensaba que todo iba a venir hacia a mí, pero no fue así. Tenía que ir a buscar la acción, lo que se tenía que hacer sí o sí, con o sin miedo.

No importa en qué tipo de negocio se encuentre, sea propio, emprendedor o colaborador de una empresa, la única forma de salir adelante es fracasando lo más temprano que se pueda y bastante seguido, así podrá transformar los fracasos en triunfos continuamente. En los trabajos que he tenido en los últimos años he enseñado a miles de personas algo que me ha preocupado siempre, pues por más que me esfuerce en enseñarles muchos regresarán a sus casas sin hacer un cambio adecuado en su vida laboral ni personal. Esto sucede porque disfrutamos de las actividades, pero no nos gusta poner en práctica las ideas que he presentado en estos distintos trabajos, porque sobreestimamos el evento y los procesos, ya que cada sueño realizado ocurrió gracias a la dedicación, a un proceso. De forma natural tendemos a la inercia todo el tiempo, y la verdad es una muy buena noticia, pues esto hace que mejoremos en nuestras propias batallas y pongamos el corazón en cada una de estas.

El proceso de triunfar se basa en fracasos reiterados y la lucha constante para llegar a un nivel más alto. Por lo general, aceptamos de mala gana que si queremos triunfar debemos pasar por algún proceso nada fácil de dolor y adversidad, lo cual hay que reconocer para progresar; es necesario sufrir algún golpe a la hora de ir a la acción. Para hacer realidad su sueño tiene que aceptar la adversidad y hacer del fracaso una parte muy normal de su vida y adaptarlo de la mejor manera posible; de lo contrario, no está teniendo probablemente avances significativos en su vida. Porque la adversidad crea resistencia, y no hay nada mejor en la vida como el fracaso para crearla; la adversidad desarrolla madurez, lo cual requerimos muchas veces ya que el mundo cambia a un ritmo muy rápido. Y si conseguimos llegar a esa madurez, un poco de flexibilidad será algo muy importante. Para que podamos desarrollar estas cualidades se debe hacer frente a todas las dificultades.

Algo que realmente hacemos pocas veces es aprovechar los beneficios positivos de las experiencias negativas que hemos hablado en este maravilloso capítulo, el cual posiblemente muchos no estarán de acuerdo o simplemente lo saltarán. Un día me miré al espejo y me prometí hacer cambios en mi vida, empezando con mi actitud; ahora me miro y digo cuántas cosas he logrado, y sé de lo que soy capaz de hacer, ya que cada vez que hablo con alguien, doy un en vivo, una charla, entreno al personal donde trabajo, mentoría, *coaching* o un simple consejo noto un impacto en las personas porque lo que debemos hacer es cambiar nosotros primero antes de cambiar las circunstancias de los demás. No lograr lo que uno quiere es un problema de persistencia y consistencia, si realmente usted se conoce debe hacer cambios que deba para aprender y crecer y dar todo por los sueños, sin quejarse ni tener prejuicios.

Criticarnos constantemente y tener pensamientos ajenos a nuestra realidad es totalmente delicado, pues nos impide seguir avanzando en el mundo laboral y personal; mucha gente lo hace por usted, entonces evite en lo posible la crítica. Las personas que realmente deseen transformar sus fracasos en victorias deben eliminar la crítica, la atención y pensamientos ajenos, además cumplir con el proceso que yo llamo pasar por encima de nosotros mismos. Cualquier persona puede causar un impacto positivo en los demás, en nuestra sociedad.

Posiblemente haya escuchado de mucha gente que ha fracasado y dice: "Cuando logre el éxito, impactaré en la vida de los demás", pero no es así la realidad de ellos, ya que muchas personas que luchan con fracasos muy fuertes experimentan esto porque no piensan más que en sí mismos, se preocupan de lo que la gente piense de ellos y se esfuerzan para lograr que nadie sea mejor que ellos, y así permanecen bastante preocupados por mantener esa máscara o capa para protegerse.

Veamos el lado positivo siempre. Si usted ha fracasado mucho, así como yo en repetidas ocasiones, y dedica la mayor parte de su tiempo y energía a tratar de convencerse de que es el número uno, le tengo que decir que necesita recurrir a otra forma de pensar, para que considere que otras personas sean las primeras. Cuando somos líderes de grupo o la máxima autoridad, así debemos actuar, ya que el egoísmo nos impedirá alcanzar metas, sueños y objetivos. Entonces, debe mejorar y buscar la forma de triunfar y sentirse que realmente usted está realizado. Piense primero en otros antes que usted, ya que una de las principales causas de pensamientos negativos y mala salud mental es el egocentrismo, y esto termina dañando a las personas que lo rodean y a usted mismo. El egoísmo hace que la gente fracase porque la mantiene en una actitud mental negativa.

¿Realmente no quiere usted fracasar? Deje de pensar tanto en usted y de preocuparse por sí mismo, para preocuparse por los demás, poniendo a los otros primero en sus pensamientos. Cuando usted conoce a alguien, ¿su primer pensamiento es sobre lo que van a pensar de usted o cómo podría hacerlo sentir más cómodo en el trabajo?; ¿trata de hacer que sus compañeros o colaboradores luzcan exitosos, o usted está preocupado en asegurarse de recibir una dosis de alabanzas en cascada de parte de su equipo de trabajo? Cuando usted alterne con miembros de su hogar, piense cuáles son los intereses que tiene en mente; le sorprenderá saber que sus respuestas le van a indicar dónde está realmente su corazón, ya que para añadir valor a los demás debe empezar colocando a estos antes de usted en su mente y corazón. Si puede usted hacer esto, podrá ponerlos primero en sus acciones. Algo como líder de equipo que debe entender es que necesita saber qué es lo que la gente quiere o requiere para salir avante en su área de trabajo.

Una de las principales causas de pensamientos negativos y mala salud mental es el egocentrismo; el egoísmo termina dañando tanto a las personas que rodean al egoísta como a este, ya que inclina a la persona al fracaso porque la mantiene en una actitud mental negativa. Somos muy inseguros para hacer las cosas, dar ejemplos, capacitación, otorgar ese saludo afectuoso que se requiere, esa plática interesante que quieren oír, dar esa parte que nuestros colaboradores necesitan, lo cual les cuesta mucho a los líderes, ya que así piensan los egocentristas. Ponen su atención en ellos mismos, sienten que están perdiendo algo en su vida y tratan de recuperarlo. Estoy seguro de que debemos desarrollar un espíritu dadivoso, es decir, no esperar nada a cambio por lo que demos.

Lo anterior no resulta muy fácil de asimilar, pues traemos patrones de conductas que no nos dejan avanzar en cosas tan importantes como el dar sin esperar nada a cambio. Por ejemplo, en el mundo de los deportes de alto rendimiento es una crítica bastante dura, ya que muchos de ellos poseen esa mentalidad del "yo primero". Y esto es catastrófico en sus vidas, como en la vida laboral de un líder de equipo. Cuando la competencia es muy dura, el egoísmo juega su papel haciendo lo imposible para evitar que un equipo gane, así sea en el mundo de los deportes o en el laboral. Esto es lo que produce el mayor fracaso de los grandes líderes, si el talento de los colaboradores fuera lo que ganara los campeonatos, todos los equipos deportivos y de las empresas se mantuvieran constantemente ganadores, y no en fracasos tras fracasos. Quitemos la atención de nosotros mismos, y dediquemos tiempo a nuestros colaboradores en nuestro trabajo.

"¿Cómo podríamos hacer algo así?", me preguntaba un gerente de un departamento, quien ya tenía cinco años en la posición. Comentaba que a él le resultaba muy difícil lograr dedicarles tiempo a las demás personas, y yo se lo corroboré diciéndole: "Eso es cierto, te miro desde hace un año que llegué a la empresa y veo que realmente no tienes ni paciencia para conversar con ellos". Procedí a hacerle una pregunta muy personal: "¿Eres casado? ¿Tienes familia?", me contestó: "Tengo dos divorcios, dos familias, y una relación con mi pareja actual". "Perfecto, muchas felicidades, Mr. Carlos (vamos a llamarlo Mr. Carlos). Así como usted ha pasado por dos divorcios, dos familias, y una relación en estos momentos, le va a ocurrir en todos sus trabajos si no cambia su forma de pensar y de actuar, tan arrogante y egoísta. Si cambia usted, cambiará la organización y la familia". Se me quedó mirando de una forma no muy agradable y me respondió: "No he podido llevar una buena relación en casa y en mi trabajo por muchos años, ¿qué debo hacer?". Y lo que le contesté fue muy sencillo: "Mr. Carlos, cuando deje de ser egocentrista, orgulloso y de pensar que por ayudar a los demás está perdiendo, todo cambiará. Cualquier líder de equipo debe llevar una relación paralela en su trabajo y en su casa. ¿Por qué?, porque cómo trate usted a su familia, tratará a sus colaboradores, a los que conforman sus equipos de trabajo. Y cómo trate a sus colaboradores, tratará a su familia. Esto, Mr. Carlos, le llevará tiempo, pero recuerde, la gente cambia cuando quiere, no cuando se lo ordena su superior o su esposa. Trabaje en usted".

- Ponga a los demás primero en sus pensamientos antes que a usted.
- Debe hacer que sus compañeros de trabajo luzcan bien.
- Cuando le den una cuota de crédito, inmediatamente devuélvala.
- Hable con su familia sobre cuáles son los mejores intereses que tiene en mente.
- Descubra lo que los demás requieren (escuche a sus colaboradores), y no importa el rango.

- Haga preguntas contundentes acerca de ellos, para saber qué es lo que más les gusta en la vida.
- Conozca los valores de una persona, porque cuando los sabe, puede agregarles más calidad.
- Satisfaga la necesidad de las personas con generosidad.
- Ofrezca siempre lo mejor de usted, sin esperar nada a cambio, como lo comenté antes.
- Aprenda a no preocuparse por usted, dedique más atención a lo que puede dar, en lugar de lo que puede recibir, ya que dar es el nivel más alto de saber vivir con un liderazgo inteligente en casa y con su equipo de trabajo.

Un colaborador que tenía a su cargo una jefatura con más de veinticinco personas me preguntó un día: "Miguel, ¿a usted no le da miedo tener conversaciones difíciles con las personas?", en automático le contesté que no porque siempre les sacó provecho y aprendo muchísimo para mi crecimiento personal diario. Le dije: "Como líder de equipo que eres, te deben gustar las conversaciones difíciles con tu equipo de trabajo". Créame que es una de las técnicas menos usadas y la más completa que debemos hacer. Aproveche siempre el beneficio positivo de las experiencias negativas, póngase a pensar por un momento la importancia que tiene esto:

1. Aprender de algo que pasó.
2. No volverá a ocurrir.
3. Estar seguro de que no lo repetirá; también de que vendrán otras cosas negativas de las cuales tendrá que sacar provecho al máximo.

No importa cuáles sean sus objetivos en lo que haga, ya que la única forma de salir adelante será intentar sus propósitos y fracasar de manera temprana, a menudo y transformando constantemente estos en triunfos. Durante mucho tiempo he ayudado a personas a trabajar en sus sueños y llegar a sus objetivos, lo cual son dos asuntos muy diferentes, en mentorías, *coaching*, charlas, entrenamientos, capacitaciones y visitas a lugares y, sobre todo, hacer labor social. Cuando retornaba a casa después de estas actividades, y pasaban unas semanas, me preguntaba cómo estarían y cómo les habría ido con todo lo que vimos y pusimos en práctica en esos momentos. Las respuestas de un monitoreo es que disfrutaron mucho de la actividad, pero estaban fallando en la práctica de todo lo que habíamos comentado. Y esto es precisamente lo que de manera constante les comento a mis colaboradores de cualquier rango: "Si no vamos a la acción, nada pasará, y para ir a la acción hay que dejar los malos pensamientos y decirle no a la pereza. Porque estoy seguro de que sobreestimamos el evento, lo que aprendimos y el proceso, ya que los sueños que hemos llevado a cabo durante muchos años fue gracias a una planeación, a un proceso y dedicarnos a la acción al cien por ciento".

Cuando emprendemos un proyecto, sobre todo personal, se siente muy agradable, porque estamos invirtiendo los mejores momentos de alegría, adrenalina, emoción y mucha pasión, la cual es necesaria para sobrellevar todas las adversidades que se presentan durante el proceso y cuando comienza la acción. Para mí volver a empezar de cero implica algo muy importante e increíble. ¿Cuántas veces usted ha tenido que empezar de cero?, respóndase con la verdad en su corazón. Esto es muy interesante porque la vida nos presenta grandes retos y desafíos, pero en la edad en la que se nos enfrenta a eso marca una diferencia y resulta un parteaguas en su vida. Por ejemplo, mi vida cambió a los diez años, cuando mi madre tuvo que partir de casa, y yo tomé la decisión de quedarme con mi papá hasta el sol de hoy y empezar a vivir sin ella. Realmente comenzar de cero es como cuando nos llevan al circo y vemos magia, ya que el triunfo y el éxito ocultan lo que empezar de cero enseña, ya que cuando esto ocurre se tiene un aprendizaje mucho más poderoso que el que siempre hemos tenido, de mucho éxito, y esta es la magia de comenzar de cero.

Los humanos tenemos una capacidad sobrenatural para levantarnos cuando nos caemos o estamos en un punto de partida que se llama cero. No importa por dónde haya pasado y fracasado, si así lo decidió en su mente, no importa lo que diga la gente, ya que esto va a influir muchísimo ante usted; el famoso "qué dirán", el cual ha dejado paralizado a muchas personas en este mundo. Debemos sentirnos pavorreales, no un pollo.

Cuando una persona triunfa y se mantiene, la mayoría de las veces tiene un común denominador; y los que llegan al éxito y se caen adolecen de mucha soberbia, la cual no dejan y no ayudan a llegar a los demás adonde ellos están. Son personas egoístas que no saben compartir para celebrar juntos que los demás también accedan a los triunfos. En esto reside la diferencia entre el que ya llegó y comparte su proceso y el que dice: "Mira, ya llegué, y usted no. Pero tarde o temprano este va a caer. ¿Por qué?, porque mantenerse arriba, en el triunfo, implica tener un grado de experiencia humana que no lo da el aula de clases ni todo el éxito del mundo, el cual no se puede formar con conceptos, ya que debe partir de la vida real que hemos llevado, y la vida real es que empecemos de cero para valorar ese proceso lleno de metas fuertes, las cuales se tendrán que trabajar de la mejor manera.

Y si nunca ha necesitado arrancar de cero, entonces conviene tener experiencia de que una vez que se llega debe mantenerse con una actitud desde y como si fuera empezando de cero. *Wow*, interesante labor, ardua pero no difícil porque estamos con la tensión de que todo en esta vida es temporal, nada permanece. Obtener el éxito no garantiza que mañana lo conservemos, o que tengamos buena relación con varias personas como, por ejemplo, familia, trabajo, amigos, incluso pareja, no significa que así sea en unos años más.

De seguro está pensando que tengo o que existe un secreto para mantenerse en el éxito constantemente, pero la verdad no, no lo hay. Sólo comparto lo que a mí me ha funcionado durante años, hacerme mantenimiento personal y mucha conciencia de mi realidad en objetivos grandes, dónde estoy, quién soy y adónde quiero llegar, con cuánta preparación me he enriquecido para poder actuar. Simple, ¿no?, pero la verdad no lo es, se requiere mucha disciplina, constancia y mucha persistencia.

Recuerde esto, y qué mal suena, nadie puede dar lo que no tiene. Entonces, retomemos la gran pregunta que hice atrás, ¿a qué edad comenzó de cero?, porque es importante que vea que no existen reglas para hacerlo; por ejemplo, el coronel Sanders, quien a los sesenta y dos años fundó una de las franquicias de comida rápida más grandes del mundo. Si no ha comenzado de cero le recomiendo que fracase el doble, arriésguese más, intente otras cosas; la vida no se hizo para tener éxito, sino para desarrollar habilidades que nos enseñen quiénes somos y de qué estamos hechos. Cuando una persona ha tenido una vida perfecta, es alguien perfectamente débil. ¿Por qué?, porque no es real. La verdadera vida tiene altibajos, no se trata de contar con excelencia todo el tiempo, sino de realismo y conciencia.

Y si en su vida comenzó de cero, deje de lamentarse, mejor piense que es lo mejor que pudo haberle pasado. Esto es interesante, porque una cosa es empezar de cero, y otra es volver a empezar de cero, ya que esto implica "me han quitado todo, me quedé sin nada". Es como cuando salimos de nuestro país de origen sin nada, y a veces hasta sin los documentos correctos. Esto es vida real, y si usted la ha vivido, me da mucho gusto, porque va por muy buen camino al triunfo que usted se merece. Muchos amigos y colegas han pasado por esta situación, y hoy día han construido un bienestar increíble y saludable con sus familias. Volver a empezar implica asumir que usted está en estos momentos mucho más capacitado para hacer lo que debe y más feliz para valorar y cuidar aquello a lo que llamamos triunfo, éxito, felicidad, progreso, estabilidad económica, equilibrio afectivo. Póngase a pensar por un momento en aquellas personas que han tenido puestos de trabajo y los han despedido hasta dos veces de dos empresas, pero entran a otra más y dicen: "De aquí soy, y me empiezo a cuidar de no creerme el indispensable, el superior; de saber respetar la autoridad y de no pelear con mis compañeros de trabajo, de ser humilde, respetarlos y escucharlos". O al que nunca lo han despedido. ¿Usted quién cree que tenga más probabilidad de salir adelante en una empresa, el que tuvo dos despidos o el que nunca lo ha tenido? El que ya ha tenido dos despidos, sin duda alguna.

Piense en esto: el éxito oculta lo que la derrota muestra, y empezar de cero enseña. Estoy seguro de que estas palabras le servirán mucho, sobre todo si ha tenido alguna de las situaciones que he mencionado arriba, ya que volver a empezar no significa que deba comenzar de cero. Hacer esto significa partir de lo que ya aprendimos, es volver a iniciar desde aceptar que hemos fracasado; "porque fracasé dos o tres veces tengo la humildad de volverme a preparar y ponerme a trabajar en mis cinco sentidos de nuevo; ponerme a estudiar". Debemos saber que no basta con sólo decir vamos a echarles ganas, porque eso es lo que vemos de muchas personas que ofrecen servicios como emprendedores de liderazgo, cuando nunca han tenido un grupo a cargo y mucho menos administrado una unidad de negocio con éxito.

Nada se gana echándole ganas, ni un juego del kínder, ya que siempre debemos jugar con estrategia, conocimientos, con análisis, con preparación, con disciplina y con mucho entrenamiento. No me diga que va a lograr que las cosas ahora serán mejores si no se ha preparado y ha hecho un esfuerzo grande, si no ha tenido la capacidad de correr un riesgo. Puede retomar el capítulo que habla precisamente de correr riesgos, el cual es bastante interesante, ya que quien no corre riesgos no llega a ningún lado.

Volver a empezar de cero implica, y ponga mucho cuidado, aceptar el fracaso, asumir que caímos y tener conciencia de que fuimos capaces de recuperarnos; y esto es lo más importante de este capítulo: ser capaces de recuperarnos, lo cual significa que estamos facultados para correr más riesgos y con mayor valor. Recuerde que una persona que corre riesgos es más creativa, más oportuna, ganadora, con mayor fidelidad y capacidad de recuperar lo que ha perdido. Haber pasado la prueba de pagar el costo tan alto del sufrimiento de caer, perder o fracasar tiene gran mérito, además nos dará la fortaleza para salir adelante en el próximo fracaso. Al haber entendido que una persona nunca fracasa realmente, le hago una invitación formal a que corra más riesgos en su vida, a que fracase el doble, porque la sensación de dolor, sufrimiento y fracaso es muy necesaria para sentirnos mucho más humanos y llegar a ser un líder, el cual se está formando en estos momentos.

Capítulo 11
Lo que no se aprende en el aula de clases

[El liderazgo se desarrolla todos los días;
es un camino, no un lugar]

Posiblemente ha pasado o está pasando por alguna situación a la cual le llamamos fracaso, de algún proyecto, relación, un trabajo, por el que no tuvo la oportunidad de crecer y hacer lo que en ese momento quería, por eso he escrito este libro, con casos reales de mi vida y laborales. He seleccionado los aspectos más importantes sobre el fracaso y el liderazgo, y la relación que tienen este par de conceptos. Voy a repetir algo con lo que espero no crear una controversia con las casas de estudios por las cuales he pasado, maestros que en la actualidad aún son mis amigos y algunos colegas que no están de acuerdo con que en el aula de clases, en lo personal, no aprendí todo lo que he escrito en este maravilloso libro. No piense que lo escrito aquí es producto de alguna nueva filosofía o un simple argumento basado solamente en conceptos teóricos.

¡Nada de eso! Le hablo desde la base de mi experiencia. ¡Yo he pasado varias veces del fracaso al triunfo! Conozco el sufrimiento. Sé que viene sin que lo llamen, y que suele quedarse incluso durante más tiempo del que cualquiera de nosotros desearía. Sé lo que es preferir morir a vivir en la amargura permanente. Sin embargo, lo más importante es que también sé que se puede cambiar, y que el éxito es posible. Es precisamente eso sobre lo que quiero hablarle. Ya que la línea es bastante delgada entre el fracaso y el éxito o el triunfo, como lo quiera llamar.

Sabemos que la vida es muy compleja, tenemos muchas actividades y estamos sobrecargados de información, por lo que a la mayoría de las personas se les acaba el día mucho antes de cumplir con las tareas planeadas. ¿A qué viene esto?, a que cuando vamos creciendo en el mundo laboral, no nos guían en los aspectos más importantes del liderazgo, los cuales en lo personal no tenía ni idea de que eran los que voy a exponer a continuación. Por eso he creado de manera muy personal algunos aspectos importantes que debemos desarrollar y mantener todo el tiempo como líderes de equipo:

- La actitud que debemos mostrar ante los problemas.
- La actitud que debemos desarrollar ante nuestros colaboradores.
- Las relaciones personales, que serán la base de los buenos negocios.
- La capacitación constante en nuestros equipos de trabajo.

Estos cuatro aspectos son a lo que yo llamo triunfo laboral.

El éxito para mí es un viaje que hacemos desde muy corta edad hasta el último día de nuestra vida, y en ese proceso debemos conocer nuestro propósito de vida. Para mí eso es, pero respeto los conceptos de cada persona, incluso de las más allegadas a mí, incluyendo a la familia. Pensamos que el dinero, la inteligencia, la belleza, ser atlético o tener habilidades para los negocios significa éxito, realmente lo que pensamos es basándonos en otros individuos. Pero, si tratamos de parecernos a otros, sólo seríamos una imitación y dejaríamos de ser lo que realmente queremos ser, y eso tiene un precio: ir a la acción por sobre todas las cosas.

Entender el éxito como un viaje, no como una meta a alcanzar, nos permite empezar a triunfar hoy. Cuando aceptamos este enfoque para encontrar nuestro propósito, desarrollar nuestra potencia y ayudar a otros, el éxito se convierte en algo que tenemos ahora mismo, en lugar de ser algo que esperamos vagamente alcanzar alguna vez. Si se compromete a intentar crecer un poco todos los días, pronto comenzará a disfrutar de los resultados positivos de esa actitud de vida, la cual pienso que es la mejor. Conocer nuestro propósito de vida será importante y crucial, ya que tendremos que fijar un objetivo en la vida para lograr lo mejor de nosotros. A las metas las llamo edificios de cien metros, los cuales debemos escalar; las metas lo ayudarán a enfocar su atención en un propósito, de modo que este se convierta en su propia inspiración. ¿Por qué?, porque la motivación en lo personal es una buena herramienta, pero no es la que se requiere para llevar a cabo sus metas. Estoy seguro de que los sueños y las metas se construyen, no se cumplen; se cumplen los objetivos propuestos. Recuerde que la vida da lo que le pida, siempre y cuando sepa adónde se dirige.

Cada uno de nosotros tenemos un propósito en la vida, y la mayor responsabilidad es lograr identificarlo rápidamente; de lo contrario, podemos pasar muchos años de la vida sin rumbo. En el mundo del *coaching* se trabaja con un método basado en preguntas, las cuales ayudan a clarificar mucho la forma de ver su realidad. Consideremos algunas preguntas importantes que de seguro cambiarán su rumbo definitivamente.

¿Cuándo empieza?

Vaya pregunta, es lo más complicado que he podido preguntarles a muchas personas en mentorías, asesorías, *coaching* o en entrenamientos personalizados en alguna área de cualquier departamento. Porque muchas personas viven pensando que otros tienen que decirles lo que deben hacer y cuándo lo tienen que hacer; no hay cosa más difícil que una persona le diga que cree en usted, pero que usted no crea en sí mismo. En lugar de descubrir su verdadero objetivo en la vida. Otros sí conocen sus propósitos, pero no actúan de la mejor forma (vaya a la acción por sobre todas las cosas, siempre), se quedan esperando que alguien los motive. Recuerde lo que le dije antes: no creo en la motivación, usted debe motivarse e inspirarse en otras personas que han pasado por donde usted quiere pasar, y no espere una gran invitación para empezar hacer lo que requiere hacer, porque usted lo sabe.

¿Conoce realmente su propósito de vida?

Si no lo conoce realmente, usted está dentro de una jaula, así como los hámsters, vuelta y vuelta, esperando que alguien lo pare y le diga cuál es; esto no va a pasar. Debemos fijarnos un objetivo, no una meta; recuerde, las metas y los procesos se trabajan, no llegan. No olvide que la meta de un proyecto son los edificios de cien metros que se deben escalar. Todos los seres humanos deberíamos tener un deseo muy aferrado en nuestro corazón, el cual nos permita conectar con nuestros sentimientos y pensamientos. Algunas personas lo descubren en su infancia, como en mi caso, a otras les lleva gran parte de su vida identificarlo y cómo actuar.

¿Creo en mi potencial?

Si no estamos convencidos de que tenemos un potencial bastante interesante y muy diferente de todas las personas, no nos esforzaremos por desarrollarlo y nunca tendremos éxito. Para poder avanzar y tener los resultados que queremos requerimos mucha acción y creer y entender que usted lo puede lograr.

¿Por qué nací?

Realmente en esta vida, como comenté líneas atrás, todos somos diferentes. No hay nadie más en el mundo con los mismos dones, talentos, historia personal y futuro. Por esta razón, sería un grave error que intentara ser otra persona en lugar de usted mismo. Use de la mejor manera los recursos con los que dispone, como experiencia, y las oportunidades que lo rodean. Si logra reconocer estas características con mucha objetividad, habrá avanzado hacia el descubrimiento de su propósito de vida, algo que muchas personas a pesar de la edad no saben todavía.

El éxito es el resultado de haber crecido hasta alcanzar nuestro máximo potencial, y para poder lograrlo debe prestar atención a varios principios que me han ayudado en mi camino:

- Definir un objetivo, y será con el cual se va a navegar.
- Trabajar en la mejora continua.
- Mirar y trabajar hacia el futuro.
- No vivir del pasado, saltar de ahí a la brevedad.

En un *post* que hice hace muchos años un gran amigo me preguntó por qué siempre estaba ayudando a los demás, y le respondí que porque es la única forma y método que he visto y he practicado durante muchos años para llegar adonde quiero, ayudando a otras personas. Algo no fácil de asimilar, pero es una realidad. El *post* se titulaba "Siembra semillas que beneficien a los demás".

A esta altura de la lectura del libro ya debe saber cuál es su propósito de vida y ya estar a gran velocidad, creciendo para alcanzar su máximo potencial. Pero este proceso tiene algo muy en particular: ayudar a otras personas. Sin ese particular, el viaje para alcanzar sus objetivos y trabajar en sus metas será muy oscuro y bastante lento, incluso puedo asegurar que no lo logrará. El verdadero éxito o triunfo en la vida, le comentaba a mi mamá por teléfono, no es tener propiedades, carros, cuentas bancarias con bastante dinero, tarjetas de crédito o usar una ropa de marca, sino, como le dije, yo me siento un hombre muy exitoso porque tengo un hogar, dos hijos y una gran esposa, y hasta ahora hemos construido una paz y una tranquilidad en este. Todo se basa en lo que hacemos por los demás.

Nada va a tener un impacto más positivo que el dar a otros. Las personas dadoras no son necesariamente las que más tienen. La diferencia no está en lo que se tiene, sino en lo que hacemos con lo que tenemos. Se basa completamente en la actitud; palabra mágica, herramienta que vamos a usar siempre. No creo que existan claves para lograr algo, sólo quiero que sepa que todo reside en encontrar su propósito y colaborar con otros. En vez de esperar claves, atajos o fórmulas mágicas, vaya a la acción y aprenderá todo lo que necesita.

Algo de lo que estoy completamente seguro es de que la acción nos va respondiendo esas grandes preguntas que nos hacemos y nadie puede contestarlas. Nunca iremos más allá de donde nos lleven nuestros sueños. La mayoría de los seres humanos dejan que sus vidas vayan sin un rumbo fijo, y esto se debe a que desde muy pequeños copiamos patrones de conducta negativos, sea de nuestros padres, tíos, tías o abuelos, los cuales seguimos reproduciendo en la pubertad, adolescencia, juventud y en la adultez, donde según ya estamos maduros, pero no es así. Nunca cuestionamos las creencias de nuestros padres, y mucho menos las de nuestra familia, por miedo al rechazo.

¿Qué sucede cuando no cuestionamos una creencia o un patrón de conducta?, lo vamos a reproducir en automático sin darnos cuenta, y esto pasa porque desde pequeños perdíamos el tiempo en placeres o actividades que no producen un beneficio duradero, sino temporal, dando vueltas, como si fuéramos hámsters.

En varias oportunidades lo he posteado, escrito y comentado en público, el éxito o el triunfo es un viaje, no se consigue de pronto por llegar a un sitio en particular o alcanzar cierto objetivo. Y eso no significa que se deba viajar sin tener brújula y destino claro; no podrá cumplir con su propósito y desarrollar su máximo potencial si no sabe qué dirección va a tomar en ese viaje tan maravilloso que es usted mismo.

Muchos oradores y conferencistas de todo el mundo comentan que debemos luchar y cumplir nuestros sueños, con lo cual yo no estoy de acuerdo, porque por los sueños se trabaja para lograr objetivos; veamos un ejemplo de lo que es trabajar en sus sueños:

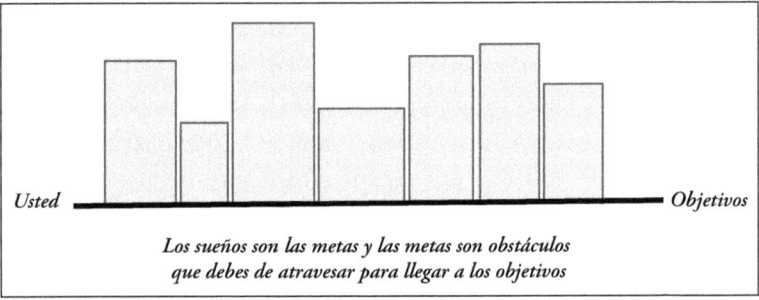

Los sueños son las metas y las metas son obstáculos que debes de atravesar para llegar a los objetivos

Todos en nuestras vidas guardamos un sueño, un gran sueño, por el que debemos trabajar de la mejor manera para concretarlo. Y no me refiero a ganarnos las cosas de manera fácil, ya que eso procede de un patrón de conducta que se llama "quiero huir de mis circunstancias actuales". Y aquí quiero que haga un paréntesis para que se ponga a pensar que cuando le suceda esto, es el momento de oro de la toma de decisión que lo llevará al fracaso o al éxito. ¿Qué le recomiendo?, que se quede y haga lo que tenga que hacer.

Con el pasar del tiempo he conocido a muchas personas de países, pueblos y culturas diferentes con quienes he compartido asuntos laborales o de viaje. Es complicado comentarlo, pero en cualquier parte del mundo siempre encontraremos a quienes no tienen ni idea de lo que quieren en la vida, pero aun así han alcanzado el éxito. Los objetivos en la vida se trabajan, pero debemos aferrarnos a ellos de una forma drástica. Un objetivo va a funcionar como una orientación nos va a indicar en qué dirección debemos ir todo el tiempo. Es necesario que identifique ese rumbo; de lo contrario, por más que luche va a fracasar. Si usted se mueve en cualquier dirección de los cuatro puntos cardinales y todos al mismo tiempo, créame que perderá todas las oportunidades de realizar todos sus objetivos.

Cada oportunidad que encontramos en la vida, cada recurso que descubrimos, cada talento que desarrollamos se vuelven parte del potencial de crecer para alcanzar ese sueño. (Cuanto mayor sea el objetivo, mayor será el potencial). Una persona que tiene un objetivo sabe a qué está dispuesta a renunciar para alcanzarlo, y concentra su atención sólo en aquellas cosas que contribuyen a lograrlo. Cuidado con las distracciones cognitivas. Hay muchas personas que hacen exactamente lo contrario, pues quieren mantener todas las puertas abiertas. Así resulta muy difícil tomar decisiones. Les ocurre lo mismo que a los malabaristas que sostienen platos que giran. Será la mejor pregunta nunca hecha, atreverse a soñar y actuar según ese sueño a pesar de los problemas, las circunstancias y los obstáculos. Como dijo Oliver Wendell Holmes: "Lo grandioso de este mundo no es tanto dónde estamos, sino en qué dirección nos movemos". Esto es lo maravilloso de tener objetivos y sueños en la vida, poder esforzarnos por cumplir sin importar dónde nos encontramos hoy, en este momento. Ya que lo que ocurrió en el pasado no tiene importancia como lo que nos espera en el futuro.

Muchas personas creen que el proceso de alcanzar el éxito es fácil. Muchos no trabajan duro porque, en su vanidad, imaginan que triunfarán sin hacer ningún esfuerzo. Por lo general, creemos que el proceso de alcanzar el éxito será fácil. La mayoría de las personas suponemos que es posible ganar mucho dinero de un día para otro sin pagar el precio de los procesos que nos van a llevar a lograr ese pensamiento que comenté anteriormente, pero todos debemos elegir una de estas dos situaciones: pasarnos la vida durmiendo y con mucha pereza, evitando el fracaso a toda costa, o despertarnos y aceptar que el fracaso no es más que el precio a pagar para alcanzar el éxito.

Pienso que el éxito no es una meta o un lugar adonde es posible llegar, como lo es ir a la universidad, ser un atleta de alto rendimiento. El éxito es trabajar todos los días en él y hacerlo con mucha persistencia, y sobre todo entender que no se trata de tener muchos bienes o dinero para conseguir más que otras personas, sino que, en lo personal y en el mundo del liderazgo, significa influir en las personas de manera normal, sin presionarlas ni acorralarlas. Todos fallamos y cometemos errores en nuestra vida, pero lo importante no es quedarse en el piso, sino saber cuánto tiempo vamos a permanecer ahí. En este viaje hacia el éxito vamos a tener muchos problemas cuando nos caigamos; haga lo mejor posible y póngase de pie, aprenda lo que pueda de sus propios errores y luego entre nuevamente a la jugada.

Cuando nos equivoquemos, debemos hacernos dos grandes preguntas para determinar si realmente fue un fracaso o no.

1. ¿Qué determina si esa acción fue un fracaso?
2. ¿En verdad evalúa la magnitud de la situación o causa?

El fracaso no se establece de esta manera, somos nosotros mismos quienes concluimos si hemos fracasado. Ya que la percepción que tenemos de nuestros errores y nuestra reacción ante estos resuelve si lo hemos hecho o no. Emprender o querer llegar a ser tope como líder en el área que estemos trabajando tiene una medida, la cual nosotros mismos vamos a poner. Desde mi punto de vista, no debemos ver los contratiempos como fracasos, sino reconocer que dar tres pasos adelante y dos atrás, no deja de ser un paso adelante.

Cuando yo tenía diez años jugaba futbol para el mejor equipo de la ciudad, en la etapa preinfantil; portaba el uniforme completo, me sentía como Maradona o como el rey Pelé, jugadores que en aquel entonces eran mis favoritos, la verdad, grandes inspiradores. Nuestro entrenador era Giovanni Trapattoni, un italiano cien por ciento futbolero, aparte de comerciante, y nos decía: "Hoy no ganamos. El fracaso es bueno, es como un abono para las plantas; todo lo que sé de futbol lo aprendí de mis errores. Percibir el fracaso como un enemigo puede convertirnos, chicos, en esclavos de aquello que logra dominarnos". Sus palabras más sabias eran: "Quien nunca comete errores, recibe órdenes de quien si los comete". A esa edad yo no entendía nada de eso, la verdad, pero con el tiempo empecé a pensar en eso y que debemos mantener la perspectiva de que, si no se hicieran tonterías, nunca ocurriría nada inteligente. Los errores que cometemos durante nuestra vida no tienen por qué marcarnos, cuando caemos en ellos no debe abatirnos. Que cada fracaso sea un paso hacia el éxito, porque lo importante no es tener la razón, sino tener los resultados; la razón se les puede dejar a los necios.

Todo comienzo es terrible, vamos a tener miedo, escalofríos, dudas y, sobre todo, no sabemos cómo vamos a actuar. ¿Por qué nos pasa esto?, es lo mismo que la etapa de la dieta o "mañana comienzo el ejercicio"; lo vivo a diario en el gimnasio o con los compañeros de ruta, quieren pero no saben cuándo. No sólo se deben tomar decisiones importantes en la vida, sino también críticas muy fuertes en las áreas que usted sabe que debe tomarlas y empezar los procesos y procedimientos para lograr lo que se ha propuesto. Ejemplo: sale a rodar en bicicleta de ruta por la carretera, pero un día se le olvida llevar una cámara de repuesto, al otro el bidón de agua, al día siguiente no lleva la bomba y se poncha una llanta; los demás van mucho más rápido que usted y se aburre porque lo dejan solo, se cansa muy rápido porque hizo mucha fuerza la primera hora, comienza a pensar algo así como: "¿Qué hago aquí?, ¿por qué estoy aquí?, ¿qué diablos me trajo aquí?, mejor me regreso y no vengo más". Por lo general, las personas nuevas y que ya tienen cierta edad duran pocas semanas y se retiran porque piensan que es fácil; el ciclismo es simplemente resistencia, y comparto cómo conseguirla:

1. Sesiones de entrenamiento en ayunas.
2. Aumentar el nivel de forma progresiva.
3. Trabajar la técnica de pedaleo y la cadencia.
4. Salidas largas.
5. Introducir sesiones de rodillo o spinning.
6. Incluir rutinas de fuerza en el gimnasio.
7. Alimentación balanceada.

Nadie se imagina que un ciclista va al gimnasio, o hace todo lo que está escrito arriba y más, para poder aguantar largas distancias. La realidad es que una cosa es decidirse a hacer ejercicios, y otra hacerlos. Cuando usted vea que los demás van a desistir, tendrá que decidir si renunciará, como ellos, o se mantendrá firme. Y para eso hay que saber actuar y aprender actuar. Todos los líderes de equipo tendrán que entender algunos conceptos que, por lo regular, nos cuestan mucho trabajo por el ego generado en el proceso del aprendizaje, y son los siguientes:

No hablar de más

Las personas que han logrado triunfos altos en el mundo organizacional y empresarial valoran mucho la acción. Si va a escuchar a alguien, suspenda lo que está haciendo para escuchar y valorar lo que le dicen. En el mundo del *coaching* le llamamos escuchar con entrega, sin tener ruido mental; me costó entender esto, pero con la práctica fui aprendiendo poco a poco lo que significa: escuchar activamente a los demás, sin pensar ni hablar en voz baja. Si va a decir algo que valga la pena decir, dígalo bien y de forma breve. De lo contrario, lo mejor es guardar silencio.

Tener prioridades

Debemos aprender a establecer prioridades propias y concentrarlas en el trabajo; el secreto para lograr este cambio es la disciplina. No sólo debemos implementar un listado de cosas pendientes, sino también una de las que debemos dejar de hacer, ya que el sólo hecho de que nos guste hacer algo no significa que necesite estar en su lista de cosas a realizar. Tenga cuidado con las distracciones cognitivas, son las más peligrosas; hoy día la tecnología ha avanzado mucho y cualquier red social nos puede consumir horas y no darnos cuenta. Dedique el ochenta por ciento de su tiempo a las tareas más fuertes. Y el otro veinte a seguir aprendiendo. Nunca debe dejar de aprender.

Administrar el tiempo

Cumplir las tareas día a día no es nada fácil en una empresa, ya que debemos tener una hora estipulada y los tiempos son muy valiosos. La administración del tiempo es algo complicado, sobre todo para los colaboradores que están en la parte media de la empresa, mandos medios y supervisores. Ellos están entre los directores-mánager, a lo que yo llamo la línea de fuego, ya que tienen hora de entrada y salida en sus jornadas y cumplirán con lo que tengan que hacer en ese tiempo, de acuerdo con el reglamento del país donde se encuentren. Atentos con los mandos medios, que son las personas que tendrán que estar detrás de las líneas de fuego para hacer cumplir las tareas y objetivos propuestos por los líderes; por lo tanto, tendrán hora de llegada más no de salida. Por favor, valore su tiempo, de lo contrario pagará un precio muy alto. Uno de los caminos para triunfar como líder de equipo en el mundo organizacional es saber manejar sus propios tiempos. Esto le llevará muchos años entenderlo, tanto que algunas veces querrá desertar y dejar todo, pero la buena noticia es que lo puede conseguir teniendo una disciplina clara. Pregúntese siempre en qué vale la pena invertir su tiempo. Piense esto con detenimiento y verá cómo van a cambiar sus tiempos y su organización.

Trabajar las emociones

Cierto que trabajarlas será algo complicado, ya que desde muy pequeños nos enseñaron a cubrirlas de la mejor forma, y los principales protagonistas fueron nuestros padres. Sin embargo, usted como líder tiene el deber de compartir lo que siente, ayudar a los demás a ver lo que ellos no perciben, pero hay veces en las que debe contener sus emociones, lo cual no significa que las niegue ni que las va a esconder, sino que están pensando primero en los demás. Ya sea que guarde o demuestre sus emociones, no debe ser para su propio beneficio. Siempre pregúntese qué necesita su equipo de usted. Esta es una muy buena fórmula.

Balance entre vida personal y laboral

Requiere llevar una vida paralela entre lo laboral y lo personal; está comprobado que si no está bien en lo personal, resultará afectado lo laboral, y viceversa. Es muy notorio, pensamos que sólo transmitimos verbalmente, pero no es así, física y gestualmente hablamos más que con las palabras, así que todos notarán que le pasa algo. En mi caso, nunca le he llevado a mi esposa y al resto del hogar las situaciones negativas que me ocurren en el trabajo, pues estoy convencido de que debemos respetar mucho ese espacio, el cual es sagrado. No lleve eso a su hogar nunca. En el ámbito laboral podríamos ser unos de los mejores, incluso hasta el presidente o dueño de una pequeña o millonaria empresa, pero si nuestra vida personal es un desastre, a la larga afectará a las áreas laborales. La verdad, no vale la pena alcanzar el nivel más alto de una empresa si eso significa sacrificar o perder lo más importante en su vida, es decir, su matrimonio y sus hijos.

La verdadera razón consiste en que quienes están más cerca de usted son aquellos que realmente lo aman y, sobre todo, lo respetan. Desde mi punto de vista eso es lo más importante. Al comienzo de mis primeras posiciones sacrifiqué muchas o varias vacaciones, sólo iban mi esposa y mi hijo, y yo sentía que estaba cumpliendo, pero era totalmente falso porque las vacaciones con sus hijos y pareja no tienen precio. Si no ha logrado disfrutar de su vida personal, el impacto negativo en el hogar y laboral será una bomba de tiempo.

Algo que muchos líderes de equipo deben desarrollar es tener una muy buena actitud ante sus colaboradores y clientes, nunca ser un jefe departamental amargado, serio, mal educado, con cara de mil demonios a quien cuando lo ven pasar ni ganas dan de saludar. Le tengo una noticia, los grandes líderes y jefes departamentales debemos acercarnos a un nivel especial que nos separa del resto de la sociedad. Algo así como "qué raro es esa persona, no parece normal, ¿será que está bien?". Y esta gran diferencia no es porque provenga de una familia adinerada o de bajos recursos, de un talento intelectual alto o de otro muy notorio que no tienen otras personas, sino más bien en la actitud, no en la aptitud.

He chocado con grandes directores del departamento de recursos humanos y directores generales por comentar lo siguiente, ellos creen que el talento por sí solo o por experiencia es suficiente para ocupar un puesto en una empresa. Yo no lo considero así, de nada vale contratar a una persona que tiene muchas maestrías, doctorados y diplomas muy importantes, si su actitud como líder es como el del director que pasa y sólo les dice hola. Por lo general, vemos anuncios con la leyenda: "Se solicita jefe, gerente o director con gran talento para dirigir gran empresa", y en ese momento salen muchos candidatos a relucir y el departamento de reclutamiento se va a inclinar por el peso curricular, no por la personalidad que debe portar la posición. Ya que muchos equipos de trabajo con talento no necesariamente deben tener resultados debido a las malas actitudes.

Por lo general, nunca se contagia el talento, la experiencia, la buena disposición, la voluntad de apoyar, llegar temprano. Algo que desde mi temprana edad me di cuenta es que podemos contagiar a alguien de actitud, pero de talento no. Recuerde que unos capítulos atrás comentaba sobre huracanes por los que he pasado; bueno, si un líder de equipo es positivo frente a circunstancias desalentadoras, como un huracán categoría 5 y un terremoto de 7.4, créame que cualquiera desiste de la organización y entrega el puesto. Si un miembro del equipo demuestra tener una fuerte labor de ética profesional, en automático comenzará a tener impacto positivo y los demás lo seguirán; a eso se le llama tener actitud mental positiva. Por lo regular, dichos seres humanos inspiran a sus compañeros, porque todos adoptamos las actitudes de aquellos con quienes pasamos tiempo; así que es normal que se imiten sus formas de pensar, creencias y enfoques ante cualquier adversidad. Las actitudes son bastante contagiosas.

Muchas personas por algún motivo creen que ser negativos es llamar la atención y ser el centro de atracción, ya que piensan que pueden llegar hacer mejor, incluso hasta más inteligentes que otras personas. Sin embargo, una actitud negativa hiere muchísimo más de lo que puede ayudar.

Suele ocurrir que al iniciar en una empresa identifiquemos casi de inmediato la mala actitud de cierto personal, y sabemos muy bien que ahí no debemos estar. Esa experiencia la he tenido yo cada vez que tengo un trabajo nuevo o llega un colaborador recién contratado a la empresa. Un jefe me dijo un día: "Miguel, las personas con mala actitud no están haciendo algo malo, pero pueden contagiar a otras y el equipo de trabajo podría marchitarse".

Estas personas tienen una capacidad innata de dramatizar al admitir que están equivocados; algo difícil de aceptar es cuando nos equivocamos, y más cuando debemos disculparnos. ¿Por qué?, porque guardar rencor no es positivo, ya que sus compañeros de equipo se verán lastimados cuando haya una falta de humildad para perdonarse entre ustedes. De lo contrario, podría haber mucha envidia, una actitud que nos distrae porque siempre estamos pensando en las cosas de los demás, no en las nuestras. Dichos individuos piensan que el resto de sus compañeros merecen ese mismo trato, sin considerar la preparación individual de cada uno.

Pienso en las personas que tienen una actitud mental positiva, la cual las va a llevar a determinar el éxito que están buscando en sus áreas de necesidad o de fracaso. Muchos consideran que no es la actitud, pero cuando esta es positiva, propicia que el cerebro se expanda y sea más productivo, porque es la única fuerza que nos llevará a triunfar o a fracasar.

Cuide las relaciones, porque influyen en todo lo que nos sucede en la vida. No podemos llegar solos y lograr lo que queramos sin haber recibido ayuda de alguien, bien sea personal, pagada o por voluntad propia, la cual es la más difícil, pero si lo logró así, es muy buen líder. Recuerde que el liderazgo es influir en el equipo, no mandar. No me gusta usar las palabras "claves", "secretos", "atajos", porque eso no existe; nada en este mundo es así, no se deje convencer por nadie de eso.

Firmemente le digo que lo más crucial e importante para llegar a tener éxito es saber cómo tratar a las personas. Enfóquese en lo que hace y dice acerca de las personas; estas serán lo más importante para el progreso de ambos. Debemos tener total atención y ponernos en el lugar de las otras personas, saber de sus ideas y estilo de vida a través de sus ojos, porque si tienen una actitud excepcional y enfrenta una situación difícil, saldrá adelante, aunque pase por lo peor. En el mundo organizacional nada es fácil si tiene una actitud no adecuada para comunicarse con los demás.

Durante muchos años en talleres, conferencias, entrenamientos y distintas capacitaciones he comentado, también otros líderes alrededor del mundo y en muchos idiomas, que la gran columna vertebral de una organización es tener la capacidad de trabajar con otras personas. Seguimos con lo que no aprendimos en el aula de clases, por lo menos en mi caso. Tuve excelentes profesores y maestros, los cuales nunca me enseñaron algo como lo que está leyendo desde el primer capítulo. Estoy seguro de que tendríamos menos situaciones negativas en las organizaciones si las escuelas a cualquier nivel nos enseñaran la realidad del liderazgo; veamos por qué.

Aprender a trabajar, a tratar, comunicar y tener contacto con otras personas es fundamental para poder alcanzar su éxito personal o laboral, sobre todo cuando hablamos de posiciones de liderazgo. Esto es lo que marca la diferencia entre quienes destacan fuertemente y quienes no. Siempre destáquese en ayudar a los demás, porque ese será el 90 % de lo que debe hacer como líder de equipo en una empresa dentro del mundo organizacional, resolver situaciones negativas todos los días. Y para eso requiere estar muy preparado, iniciando en lo positivo con un entorno negativo, ¿y esto qué es? Nada fácil resulta ser positivo en un entorno negativo o muy neutro. Léalo de nuevo, por favor. Para poder llegar a dominar ese entorno de ser próspero y estar sumando, usted debe ser el instrumento de cambio principal en un entorno negativo y neutro. Recuerde que lo están mirando todos sus colaboradores. Aproveche las oportunidades cuando se le presenten, ya que las personas que ayudan a los demás no esperan hasta mañana. Todos podemos ayudar a los otros, no deje pasar un día más sin auxiliar a las personas de su organización o en su vida; hacerlo mejorará muchísimo sus relaciones y todos serán más productivos.

Para conseguir esto también se necesita trabajar la confianza, algo que se debe ganar con el tiempo entre compañeros de trabajo, sin importar el rango que tengan; esto hará que tenga unas bases muy sólidas en sus relaciones. Por lo general, mi trabajo me ha llevado a recorrer muchas culturas en varios rincones del mundo; es muy satisfactorio saber que todo ser humano debe saber manejar su vida, ya que esto habla mucho sobre su carácter. No me gusta mucho cuando un conferencista habla sobre sus crisis de niño, he escuchado cosas como: "Me dejaron botado, mis papás me castigaban, me hicieron mucho daño; mi papá me abandonó; mis papás se divorciaron", o cualquier otro tema que, incluso, hacen llorar como oyente. Estoy seguro de que las crisis no necesariamente forjan el carácter de una persona; no hace falta pasar por crisis para saber controlar y llevar de la mejor manera el carácter. El desarrollo de este es la base de nuestro crecimiento no sólo como líderes de equipo, sino como seres humanos.

Mi padre bien decía: "Miguel, el carácter se va construyendo a medida que vayas tomando acción sobre las cosas en tu vida personal y laboral, ya que el único indicador del carácter es la acción. Esto va a determinar quién eres, observa mucho a tus colaboradores para saber si los actos se contradicen constantemente; sino, tendrás que filtrarte más y averiguar más sobre su carácter". Hay demasiadas cosas en la vida que no podemos controlar, pero podemos elegir nuestro propio carácter; de hecho, lo creamos cada vez que enfrentamos una situación difícil, ya que el verdadero liderazgo siempre va a involucrar a otras personas.

Para ser un líder positivo y lograr que los demás confíen en nosotros debemos desarrollar el carácter. Mi padre me comentó que había conocido a muchas personas que habían triunfado en lo que hacían, pero que se habían derrumbado al alcanzar ese nivel, porque no habían desarrollado el carácter para soportar y mantenerse arriba. Recuerde que usted va a llegar a la cima en la dirección que busca como líder, pero eso no será un problema para usted; el verdadero problema será mantenerse ahí arriba, liderando la posición, ya que si usted carece de carácter sólido que lo pueda sostener se irá por otro rumbo muy negativo, directo al fracaso; y de esto ya hablamos. Por sobre todas las cosas que pase siempre debe identificar si está tenso, estresado, lo cual es un indicador de que requiere buscar ayuda, porque las situaciones negativas siempre van a existir; donde hay personas, siempre habrá conflictos. Las crisis no van a cesar, ya que entre más suba de posición y prestigio, y si no trata su carácter, se volverá demoledor. Mi padre me dijo esto cuando empecé la preparatoria: "Pregúntate siempre si tus palabras no se contradicen con tus acciones, al igual que las de tus maestros".

Hacerse cargo de uno mismo es enfrentar, sin miedo, a nuestros propios defectos. ¿Realmente pide disculpas y asume la responsabilidad y las consecuencias de sus propios actos? Si la respuesta es sí, va por el camino adecuado hacia el liderazgo. Entonces debe practicar lo que yo llamo tener alta calidad de conciencia, es decir, empezar a disculparse por sus malas acciones y al final les pide perdón desde su corazón.

Responsabilizarse de las acciones es ir edificando un futuro bastante inteligente y próspero para su vida personal y laboral; siempre deberá crear un plan de no volver a cometer los mismos errores del pasado y poder seguir desarrollando su crecimiento. Una persona que progrese en esto es el candidato perfecto para el manejo del personal, porque se trata de ser mucho más grande de mente.

Cristiano Ronaldo en una entrevista mencionó que una persona que tiene mucho talento es buena, pero sin actitud no le sirve de nada, y estoy totalmente de acuerdo con lo que dice, ya que la actitud, como hemos visto, es la base de todo lo que hacemos en nuestra vida. Admiro a quienes se destacan en sus trabajos, porque eso demuestra que tienen habilidad, y de eso se trata, de seguir cultivando todas las habilidades posibles para tener un mejor rendimiento como líder de equipo. La excelencia juega el papel súper importante en la vida diaria para dar lo mejor de sí en todo momento; la excelencia es una elección, como un acto de voluntad, no necesita que nadie le diga que debe hacerlo bien hoy. La calidad de su trabajo siempre será el resultado de la motivación personal, de ese ímpetu sincero, de una ejecución con una dirección bastante inteligente. Nunca deje de aprender, comprométase con el aprendizaje, el crecimiento, la mejora continua, los cuales serán los obstáculos mentales con los que tendrá que trabajar todos los días por el resto de su vida; este será el mejor camino que pueda tomar para llegar adonde quieras.

Algo de lo cual he sido fuertemente criticado es por decir que no creo en la motivación o porque dura menos de veinticuatro horas en el cerebro. En cambio, estoy seguro de que la inspiración es el camino correcto para que se convierta en una persona altamente competente. Preste atención a esto, las relaciones interpersonales con los demás no deben limitarlo a lo necesario; las personas altamente competentes combinan esta capacidad con la habilidad de manejar a sus colaboradores a niveles excepcionales.

Entonces, constantemente debemos hacer mejora continua con nosotros mismos y demostrarnos que nos estamos actualizando de la mejor manera; nadie en esta vida crece espiritual y profesionalmente si no se lo propone. Por lo general, estamos peleando en el proceso de avanzar, porque no queremos pagar el precio correspondiente, sino avanzar por los atajos o por la vía más fácil, lo cual no se va a conseguir porque no existe en ninguna parte. Debe tener presente cuándo fue la última vez que se dedicó hacer una tarea con excelencia sin que nadie lo observara. A eso le llamo yo integridad laboral.

Cuando salí de mi país por segunda vez, tuve que hacerlo por estudios. Estuve realizando prácticas profesionales durante seis meses en una empresa para la cual, cuando llegué, había dos estudiantes más, pero de otra universidad, los cuales ya tenían un par de meses más que yo. Al pasar el tiempo, no poco más de tres meses, llegaron dos más, también venían por seis meses. Nos conocimos y todos éramos unos sencillos estudiantes, después de no más de tres meses los dos que llegaron cortaron sus prácticas profesionales y se fueron a su país de origen, y sus comentarios eran: "Es mucho trabajo, renuncio, me voy". Al mes siguiente, otro dice lo mismo: "Me voy, es mucho trabajo, es muy duro; esto no es para mí, me voy a casa con mis papás. El jefe exige mucho". Uno de los últimos tenía muchos más años que yo, me llevada catorce de diferencia y también se fue. Esto significa que a cualquier edad se puede fracasar, porque para mí era un fracaso regresarme con mi papá y dejar a la mitad las prácticas profesionales que tanto me costaron para llegar al lugar.

Me quedé sólo a terminar mis prácticas durante esos seis meses que ya estaban estipulados por la universidad. Mi mente en ese momento empezó a dudar y me dije: "Me quedé sólo, ¿ahora qué hago?", a lo que yo mismo me respondí: "Es tu oportunidad para demostrar que eres valiente y capaz de hacer lo que se tenga que hacer". La pregunta más importante que me he hecho en mi vida fue en ese momento al ver que todos se fueron: "¿Debo seguir adelante cuando los demás no lo hacen?", la respuesta fue sí. Porque quienes renuncian nunca ganan. Los verdaderos ganadores nunca renunciamos. Atento. A continuación, demuestro por qué nunca tenemos que vencernos ante una situación que queremos llevar a cabo.

En un invierno en Londres pasamos por el famoso puente de Waterloo, donde en un mural había un reflejo de un burro montado sobre una lancha y unas luces maravillosas, con un fondo musical de una canción de la banda Cold Play, y mi esposa lo miró. Cuando lo vio, hizo que en la próxima parada me bajara del bus y camináramos tres o cuatro cuadras nuevamente hacia el puente para tomar una foto que ella ya había visualizado desde muchos meses atrás. Me convenció para tomar esa famosa foto y lograr lo que otras personas dejan de hacer. Ese día nos fuimos muy contentos a casa; para ella había sido un éxito total, sin necesidad de haber tenido un talento extraordinario, ni haber llegado en el momento oportuno al lugar correcto.

El carácter y la tenacidad son imprescindibles para el éxito. Trabajar con decisión, sin esperar favores a cambio, es lo que se debe hacer; todas las personas tenaces no se basan en la suerte ni en el destino para alcanzar los objetivos. Y cuando las cosas se ponen feas, se esfuerzan mucho más antes de darse por vencidas. Se renuncia cuando el trabajo esté terminado, no por cansancio. Si realmente quiere que su equipo de trabajo tenga mucho éxito, debe seguir esforzándose más allá de lo que crea que puede hacer. Lo importante es continuar esforzándose hasta terminar el trabajo que requiera. Piense en lo que comenté anteriormente, debe seguir a pesar de que los demás se den por vencidos; si su equipo de trabajo no consigue salir de una situación, usted tiene que persistir mucho para resolverla. Porque si se rinde antes de que el resto del grupo, tal vez necesite desarrollar su consistencia.

En el primer capítulo comentaba sobre el riesgo que debemos correr cuando estamos en proceso de crecimiento o cuando llegamos a la cima. No permita nunca que el *statu quo* se apodere de usted. Ejemplo: un puesto de trabajo o un sueldo alto no tiene nada que ver con el liderazgo, porque este se puede dar en cualquier puesto dentro del organigrama; atención con esto. Ya que el liderazgo es influir sobre las personas de manera natural, no ganar mucho dinero, y mucho menos el puesto.

Cuando llegue a la cima, debe tener cimientos sólidos para que los malos pensamientos no se apoderen de usted, de manera que lo invito a que construya murallas de manera que nunca se vaya a derrumbar. Veamos algunas características de cómo podemos crecer sólidamente; nunca deje de crecer y actualícese constantemente. Pruebe siempre cosas nuevas y autoevalúese sobre cómo reacciona ante los errores, recuerde que los fracasos son parte del proceso y deberá convertirlos en positivos. Por ningún motivo cometa el mismo error dos veces, eso de que quien no se equivoca no avanza, pues quien sigue cometiendo los mismos errores una y otra vez tampoco lo logrará.

No se quede pensando mucho cuando cometa errores, pero recuerde siempre lo que aprendió de ellos ya que, si no lo hace, acabará pagando por ellos más de una vez. Evite por sobre todas las cosas los supuestos trucos, fórmulas, secretos o cualquier cosa barata que le quieran vender o el típico curso donde venden la idea de que en tan sólo tres meses se convertirá en un líder de altura. Mejor luche por lo que tiene que luchar y viva en la vida real lo que realmente se aprende dirigiendo personal. Todo lo que tiene valor en la vida incluye un precio, si desea crecer en un aspecto en particular, por favor, calcule cuánto le va a llevar y cuánto le va a costar y simplemente páguelo. Nunca se detenga, ya que la gente que paga el precio por aprender y desarrollarse siempre consigue lo que se propone. Siempre y cuando dejemos el orgullo, podremos seguir aprendiendo, y eso implica seguir equivocándonos, y también admitir que no lo sabemos todo. Pienso que el error más grande que podemos cometer en nuestras vidas es vivir con miedo a equivocarnos. Simplemente para crecer debemos renunciar al orgullo.

Estando en una junta después de un fenómeno natural nunca antes visto en los últimos veintiocho años en esa región, con todos los líderes de la empresa donde trabajaba, uno de ellos me dijo que quería ayudarme en lo que sabía hacer; yo le respondí que muchas gracias por su ayuda, pero que más que eso requería de él y de las demás personas que estuvieran dispuestas a trabajar y hacer nuevos retos y objetivos.

¿Por qué?, porque todo líder de equipo debe estar dispuesto y ser capaz de pensar más allá de los requerimientos del puesto en el que se encuentra en esos momentos, preparado para hacerse cargo de esas tareas que otros no quieren realizar por orgullo o por miedo. ¿Recuerda que le comenté que el título, dinero de la posición donde se encuentra actualmente no tiene nada que ver con el liderazgo? De seguro se estará preguntando por qué debemos hacer el trabajo de otras personas. Porque si realiza otras tareas extra, estará orientado a la acción, y para eso vamos a revisar algunas características que no debemos dejar pasar:

A. Pague el precio del éxito.
B. Arriésguese.
C. Nunca por sobre todas las cosas sea el protagonista.
D. Admita sus errores y nunca acuse a otras personas de que son culpables de que usted no avanza.
E. Llegue a sus objetivos, aunque trabaje con personas tóxicas y complicadas.
F. Acepte trabajos bastante difíciles.
G. Siempre ofrezca ayuda antes que otros.
H. Haga más de lo que se le pide.
I. Por sobre todas las cosas hágase cargo de sus responsabilidades y, lo más importante, lleve a cabo tareas que no son suyas.

Estudié durante muchos años en la universidad, y en otros países también tuve la oportunidad de seguir creciendo y desarrollándome para seguir avanzando en el mundo organizacional; sin embargo, nunca tuve una materia, un proyecto o una evaluación sobre cómo se forma la actitud de una persona. Por lo que me ha servido de mucho escuchar, entender, practicar, preguntar a muchos individuos sobre cómo se comportan, incluyéndome a mí mismo. Así que no es algo que se aprende en el aula, desafortunadamente. Desde el vientre de nuestra madre ya estamos formando un carácter, pasando por muchas etapas desde que nacemos hasta llegar a tener más de sesenta y cinco años.

Todas las personalidades son diferentes, a pesar de que tenemos hermanos y somos de los mismos padres, seríamos súper aburridos si fuéramos iguales. He podido percibir a lo largo de mi vida que el entorno donde nos desarrollamos tiene un porcentaje muy alto, el cual influye bastante en nuestras actitudes, independientemente de que nuestros hijos no se parezcan a nosotros, estoy seguro de que tiene mucha influencia el entorno donde los criamos. De acuerdo con la universidad de Greenwich, Gran Bretaña, en la carrera de Psicología, el ambiente de la infancia desarrolla el sistema de creencias de todas las personas; actualmente podemos tener más de cincuenta años y seguimos teniendo creencias limitantes. Tenga cuidado con ellas, le pueden paralizar su vida en cuestión de segundos.

Considero que la actitud está en el ambiente donde nos formamos, este se vuelve aún más importante cuando nos damos cuenta de que las actitudes primeras son las más difíciles de cambiar. El cómo me veo será el parteaguas de nuestras actitudes, porque es imposible actuar bien si nos vemos mal. Por lo general, actuamos de acuerdo con la imagen que tenemos de nosotros mismos. Una técnica que aprendemos en el estudio del *coaching* es que no hay nada más difícil de lograr en la vida que cambiar o modificar nuestras acciones externas sin cambiar sentimientos internos. No he conocido a una persona que no quiera ganar algo en la vida, durante varios años estuve apoyando a gente con muchos problemas en las cárceles, hospitales, donde ayudábamos contra adicciones y siempre hacía la misma pregunta: "¿Algunos de ustedes quieren ganar algo en la vida?", y todos respondían que sí. Es normal que todos los seres humanos queremos ganar y triunfar para satisfacer cualquier objetivo planteado.

Siempre al final de cada charla yo les aseguraba esto: "Como te ves refleja el cómo nos ven los demás". Si nos gustamos, esto aumenta las posibilidades de gustar a otros. La imagen propia de cada persona va a establecer en nosotros los parámetros para construir nuestras propias actitudes, porque vamos a actuar en respuesta al modo en que nos veamos. Por ninguna circunstancia descuide su imagen, ya que la apariencia es vital en la interpretación de nuestras actitudes, no en los demás. Tenga mucha cautela porque en cada década de su vida siempre vendrán cambios fuertes y más si usted pretende ser un líder de equipo. Siempre aparecerán nuevas influencias en cada etapa, las cuales, si usted lo permite, comenzarán a afectarle su actitud. Por lo tanto, usted siempre deberá juntarse con personas altamente positivas. Es bastante complicado avanzar cuando se tiene un ancla en el pie, y esa ancla podría ser la familia o la pareja. Hasta un punto seremos condenados de lo negativo de la familia o de nuestra pareja.

No importa la edad que tengamos, nuestras actitudes siempre se van a estar desarrollando y nunca será tarde para cambiar en realidad. La actitud es la fuerza que nos va a determinar si vamos a triunfar o a fracasar en nuestra vida, y no sólo es ser amables con las personas, sino lo crucial e importante será con qué actitud vamos a percibir a los demás, cómo nos vamos a comportar y con qué actitud vamos a enfrentar nuestros miedos y las situaciones negativas que se nos presentan todos los días. Qué sucedería si tuviéramos una mala actitud ante la vida y hacia las personas con las que vivimos y con las que trabajamos; muchos se darían cuenta y más de uno no querría estar con nosotros y mucho menos ayudarnos. Somos totalmente responsables de nuestra visión en lo personal y laboral, nadie más; esta verdad proviene desde muchos años antes de Cristo. El abono y agua que usted le coloque a su césped todos los días resultará en un hermoso jardín que usted verá todos los días y sus vecinos también; nuestras actitudes y acciones ante la realidad ayudarán mucho a determinar lo que nos ocurrirá en el presente y futuro. Recuerde que el triunfo o éxito, como usted lo quiera llamar, es simplemente ir a la acción.

Alguna vez lo han despedido del trabajo, se ha divorciado, ha perdido amigos o ese puesto que tanto anhelaba y ha trabajado durante tantos años simplemente por los malos hábitos, por no hacer las tareas asignadas por la empresa y pensar que puede tapar el sol con un dedo, por estar distraído, por la pereza de moverse de un lugar a otro, por no tener la valentía de enfrentar situaciones negativas todos los días, por miedo al rechazo de mandar hacer las actividades de su equipo de trabajo. Todo esto se reduce a las malas actitudes que usted posee en la mente. Si tiene el puesto de líder de equipo o se está formando como un líder de equipo, habrá actividades que no querrá hacer y mucho menos verlas; en ese caso, lo invito a que las haga primero, las ataque, que las coloque en primer lugar de su lista de tareas y como principal en su agenda diaria; de lo contrario, usted hablará mal de la empresa, de sus compañeros de trabajo, incluso de su propio equipo, y para terminar de completar ese mal hábito dirá que la culpa es de su jefe. ¿Ha escuchado esto antes?, se preguntará por qué sucede esto en el mundo real laboral y personal, porque nosotros siempre esperamos que los demás o el mundo deben cambiar, en vez de tomar acción (triunfo-éxito) y darnos cuenta de que quienes debemos cambiar y ser responsables de nuestras propias conductas y pensamientos somos nosotros.

Lo anterior será el apalancamiento más importante y crucial para llevar una buena relación con las personas y poder influir en ellas, ya que todo lo que nos sucede en la vida es por las buenas relaciones con los demás. Pongamos siempre en primer lugar a los otros y veamos a través de sus sentidos lo que ellos requieren de nosotros; la escucha activa lo ayudará con esos patrones de conducta. Comparemos la vida de una persona con un muñeco Tentetieso, de esos que se les pone agua en la parte de abajo y se infla hasta que quedan corpulentos: se caen, se levantan, se caen, se levantan. En el camino o proceso de un proyecto, objetivos planteados, sueños que quiera cumplir, van a pasar algunas situaciones negativas y muchas adversidades, las cuales tendrá que convertir en prosperidad, bonanza y bienestar; esto será poseer una gran actitud. Cuando aparezcan esos edificios, tendrá que escalarlos con mucha inteligencia y audacia, para cuando sople el aire adverso de la crítica, no se lo lleve. Cuando se tiene una actitud excepcional, al momento de enfrentar situaciones difíciles se logra lo mejor, aunque se esté ante lo peor. Recuerde que una mala actitud nos llevará a lugares a los que no queremos ir.

Durante muchos años he entrenado, capacitado y preparado a personas para tomar puestos importantes en varias empresas, y entre los factores que más trabajamos ha sido cómo formar su actitud, algo que no es nada fácil, ya que se debe poner mucho de cada uno, pero es mucho más lo que hay que dejar mil veces a un lado. Por lo general, son muchos hábitos negativos los que acarreamos desde muy temprana edad, ya que las actitudes no se forman, ya nacemos con ciertas características y debemos trabajar en otras. Desde que estamos en el vientre de nuestra madre hasta pasar los setenta años, ya que en cada etapa hay factores que debemos aprender y superar.

Durante ese proceso de pasar por décadas desde que nacemos hasta los setenta años habrá que ir cambiando de actitud a medida que vamos avanzando cada una de estas, y para esto no existe un atajo, una fórmula o mucho menos magia, simplemente mucha disposición de querer cambiar, ya que nosotros somos los propios dueños o víctimas de nuestras actitudes. Lo que somos hoy es producto de las decisiones que tomamos ayer; mañana seremos lo que decidamos hoy, ya que cambiar significa escoger. Las actitudes no son permanentes, si no somos felices con nuestra actitud, podemos cambiarla. Si alguien a quien se dirige tiene una mala actitud, es posible ayudarlo a cambiar, pero sólo si de verdad le nace y quiere hacerlo. Si realmente lo desea, cualquiera puede convertirse en una persona muy positiva, para quien la vida es una gran oportunidad. No se desespere y no haga caso a la pereza ni a los malos pensamientos, pues van a llevarlo a un lugar donde no es productivo. Los siguientes puntos le pueden ayudar a mejorar su actitud. Estoy seguro de que las palabras tienen mucho poder; por lo tanto, veamos algunas que pueden ser cambiadas hacia lo positivo:

Es imposible	por	Todo es posible.
No creo que	por	Creo.
Puede ser	por	De hecho.
No tengo tiempo	por	Voy a buscar tiempo.
No puedo	por	Sí puedo.
Dudo que	por	Espero lo mejor.
Temo que	por	Tengo fe.
Si es que	por	Lo haré.

Mientras tengamos opciones aceptables, no cambiaremos. Muchas personas están más cómodas con problemas antiguos que con soluciones nuevas. Las nuevas debemos trabajarlas. Todos podemos cambiar, siempre y cuando paguemos el precio por ello; nada será fácil en la vida y mucho menos cambiar nuestros pensamientos; esto es una fuente de automotivación espectacular. Nunca permanezcan igual, por favor, la mente es como un cajón de estacionamiento, nunca lo van a cambiar, siempre va a estar ahí, y a eso le llamo estancamiento. Por lo general, nos acostumbramos (al estacionamiento) a una forma de pensar y aceptamos limitaciones que impiden nuestro desarrollo personal. Ya venimos con varios patrones de pensamientos desde nuestros hogares, familia, escuela y amigos, los cuales nos cuesta mucho cambiarlos, ya que nadamos en ellos de una forma muy fácil y no queremos salir de esta condición. Nuestra atención es lo que determina nuestra acción; recuerde esto.

El éxito es acción. Estamos actualmente donde estamos y somos lo que somos debido a los pensamientos dominantes que ocupan nuestros pensamientos. Por lo tanto, si aprendemos a cambiar nuestro modo de pensar, podremos controlar nuestros pensamientos. Son estos no nuestras circunstancias las que determinan nuestra felicidad. A menudo observo personas muy convencidas de que serán muy felices cuando logren ciertos objetivos, pero cuando lo consiguen, no obtienen la satisfacción que habían anticipado. Por lo tanto, tenga siempre su mente llena de pensamientos positivos para que usted mismo no se critique.

Por lo regular, me despierto a las cuatro y media de la mañana para leer e ir al gimnasio, también para llegar treinta minutos antes al trabajo. Muchas personas me han preguntado si estoy enfermo, obsesionado o tengo un trauma desde pequeño, pero no es así. Desde muy niño he sido fanático de los deportes y me he quedado con dos que amo y los sigo practicando: el ciclismo y el gimnasio; es una actitud que he ido desarrollando a lo largo de las etapas que le comentaba anteriormente. Una actitud no es más que un hábito de pensamiento, así de simple, y el proceso de desarrollar un hábito o hábitos buenos o malos es el mismo. Es más fácil formar el hábito de triunfar que el de fracasar. Ya que los hábitos nos son instintos, sino acciones o reacciones adquiridas y no ocurren por casualidad, se ocasionan.

He conocido a muchas personas que dejan que sus hábitos los gobiernen, y cuando estos son muy perjudiciales, impactan de modo muy negativo en sus actitudes. Y se estará preguntando: "¿Cómo puedo cambiar los hábitos negativos?", pues siempre averigüe y determine cuál fue la causa que los originó; ese será el trabajo crucial que tendrá que hacer constantemente. Ya que los resultados comienzan a notarse cuando decidimos tener una buena actitud ante nuestros colaboradores, amigos, familia y hogar. Sin embargo, no podemos bajar la guardia, porque las actitudes negativas pueden regresar si no las vigilamos; compare esto con una mascota o con una planta, no debe haber un descuido. El mejor ejemplo siempre ha sido la autocomplacencia. Y lo digo por mí, porque he perdido peso, pero luego regreso a donde estaba y recupero lo que supuestamente tanto me costó trabajo bajar. En ese momento regresé a los malos hábitos; por eso es tan delicado no hacer un cambio completo cuando se toma una decisión.

En este mismo capítulo vaya a la página en la cual se incluyó la gráfica y lea esto: "Los sueños son las metas, y las metas son obstáculos que debes librar".

Todos en nuestra vida guardamos un sueño, un gran sueño que debemos atravesar y trabajar de la mejor manera para llegar a los objetivos. Y no me refiero a ganarnos las cosas fáciles, ya que eso procede de un patrón de conducta que se llama "quiero huir de mis circunstancias actuales". Recuerde que la pelea más importante contra el fracaso vive en el interior, no fuera de nosotros. A la edad de veinte años trabajaba en una empresa y equipo de motivadores, mentores y *coaches*; viajábamos por muchas partes del país para seguir inspirando a otras personas. Era un trabajo que me encantaba, lo disfrutaba muchísimo y celebraba cada aprendizaje que tenía. Un gran líder me dijo un día: "Miguel, lee este libro, se llama *Nos vemos en la cumbre*, de Mr. Zig Ziglar". Y en el primer capítulo dice: "El primer peldaño en la escalera del éxito es evaluar nuestra propia imagen, o cómo nos vemos a nosotros mismos. Debido a que determina cómo nos desempeñamos, la imagen personal o imagen propia es un elemento fundamental para el éxito. Los problemas de imagen personal o imagen propia de muchos de nosotros se remontan a nuestra infancia por protección, mucho cuidado de o simplemente no te muevas, quédate donde estás o el típico yo te lo hago". Les sugiero que compren y lean el libro, cambiará totalmente sus pensamientos.

Un sueño llega por la realización y dedicación a un proceso que se debe cumplir, ya que todos los seres humanos tendemos a la inercia. Por eso mejorar es una lucha constante, y el logro es un resultado de los repetidos fracasos que se tienen. Las buenas personas son buenas porque han llegado a la inteligencia por medio del fracaso, ya que del éxito obtenemos muy pocas enseñanzas; las situaciones que enfrentamos y vencemos nos preparan para las dificultades que vendrán. Póngase a pensar por un instante si en todo momento tendríamos que eliminar los problemas; esto limitaría nuestro crecimiento.

Cualquier director de una empresa ha tenido cantidades de historias adversas y muchos contratiempos que le abrieron las puertas a mayores oportunidades, porque la adversidad estimula a la innovación. La capacidad de innovar está en el centro de la creatividad y es un componente importante para el triunfo, siempre pensamos que equivocarnos es sinónimo de fracaso. Sin embargo, de algunos de los proyectos más inesperados han salido los beneficios más importantes del mundo, porque nada inspira a una persona como la adversidad. Muchas cosas se pueden medir en esta vida, y una de ellas será medir los obstáculos o edificios, como yo les llamo, con la magnitud del sueño que usted está persiguiendo; todo está en cómo lo vemos. Si lo intentamos, podremos encontrar lo positivo de cada mala experiencia que tengamos.

Capítulo 12
Valores siempre por delante

[Disciplina: base para lograr los
objetivos de nuestro propio manejo.
Autodisciplina: es la relación con la imagen
que tenemos de nosotros mismos]

Donde hay personas trabajando debe haber un líder que dirija y sepa administrar el tiempo y las circunstancias negativas diariamente. Y existen tres cosas que se requieren evitar en todo momento, cuando digo en todo momento quiere decir que nunca se deben aplicar, las cuales son:

- El miedo a las personas. De lo contrario, no podrá liderarlas, sólo las manipulará.
- La desconfianza en general hacia las personas.
- El menosprecio, ya que si lo siente no podrá ser un buen líder, porque si le teme a la gente nunca podrá tratarlos y menos podrá abordar los problemas más importantes.

La primera responsabilidad de un líder es observar a su equipo y tener fe en este, porque si usted va a liderar a un grupo de personas, una de las mejores formas de hacer que la gente se involucre es dándoles una pequeña gratificación por su desempeño y hacerles saber qué tan buenos son. Cuando usted vea cualidades interesantes en una persona, simplemente hágaselo saber, que sepa que está muy consciente de su habilidad; de lo contrario, usted perderá toda su credibilidad. Aplíquelo en todas las áreas donde trabaja y sea muy sincero. Un líder con influencia requiere escucha activa como obligación, ya que todos los colaboradores necesitan que alguien los escuche, ¿o a usted no le ha pasado que quiere hablar, pero no hay nadie disponible?, se siente feo, ¿verdad? En mi caso esto me llevó muchos años aprenderlo, incluso tuve que pedir ayuda a varios mentores para saber cómo hacerlo.

Algo que aprendí en el camino y reafirmé dentro del mundo del *Coaching* fue la escucha activa, realmente ahí entendí qué era, cómo se usa y el valor que tiene aplicarla para cuando un colaborador busca ser escuchado. Tim Gallwey dice: "*Coaching* es desatar el potencial de la persona, para maximizar su desempeño. Es ayudar a aprender, en lugar de enseñar". Muy bueno, la verdad, y comienzo con esta aclaratoria, para los que no lo saben, el *Coaching* es usar un método de llevar a una persona que se encuentra bien a un nivel de excelencia. Existe un capítulo en este libro que se llama adaptabilidad, concepto que pueden tomar como un atajo para trascender hacia las mejores soluciones; debemos tener un liderazgo que logre comprender los cambios. Para llevar a sus colaboradores a resultados efectivos, los líderes de equipos deberán saber cómo sacarlos del estancamiento, de la comodidad de lo conocido, es decir, lo que llamamos zona de confort. Lo ideal será trascender y poder subir de nivel, por medio de la competitividad y productividad. En muchos corporativos para los cuales he trabajado durante años han aplicado los famosos *Key Performance Indicators* (KPI), que en español significa indicadores clave de rendimiento.

Tratando de resolver los problemas adaptativos mediante indicadores KPI, las organizaciones batallan, y ahí es donde interviene el ego del sistema, consumiendo toda creatividad e iniciativa habida y por haber. En este caso, los líderes sólo estarán para mantener el *statu quo*, esclavizados por el temor de las consecuencias a acciones "fuera de la caja", adaptándose al sistema y respondiendo de acuerdo con lo que quiere escuchar el jefe. Estoy seguro de que la mejor solución es un liderazgo que se adapte y entender que cualquier empresa tiene sus propias situaciones negativas que su estructura ha creado. Para esto se requiere un líder con muchos pantalones para movilizar a las personas para atacar los retos y salir de la mejor manera.

Muchos líderes se encuentran muy cómodos donde están, y a veces no le temen tanto al cambio, sino a la pérdida de aquellas cosas que desean conservar a las necesidades de siempre. Las barreras o edificios de la gráfica en el capítulo anterior son las resistencias que tenemos, las cuales se convierten en una amenaza por el simple hecho de que pensamos que no podemos sobrepasarlas, y esto nos genera dolor de cabeza y muchas otras manifestaciones en el cuerpo, y hacen que, desafortunadamente, regresemos a la zona de confort, aun cuando las consecuencias sean negativas. Deberá adaptarse a la organización que llegue y aprender a trabajar en ambientes negativos, observando los patrones de conducta que rodean a sus colaboradores desde un nivel bastante separado, sin juicios, tratando de interpretar las señales, para así poder crear una visión de enfoque potenciadora mucho más allá de la situación del momento, conectando con las emociones y los valores del grupo, para impulsarlo a tomar acción sobre lo establecido. Recuerde, valores por delante y sentimientos por detrás. Cuando usted como líder de equipo establece una visión para salir adelante, tendrá que hacerse varias preguntas, como las siguientes:

1. ¿A qué debo renunciar para triunfar y avanzar?
2. ¿Qué voy a hacer de manera diferente para lograr los objetivos?
3. ¿Cómo puedo definir en pocas palabras y de manera concreta el objetivo?
4. ¿Cómo voy a medir su objetivo?
5. ¿Exactamente qué es lo que quiero lograr con este objetivo?

Sólo son cinco preguntas básicas que tiene usted que responderse como líder de equipo. Estableciendo procesos de cambio, realizando intervenciones estratégicas con cada líder de grupo, para lograr el gran desarrollo de competencias claves en el proceso del liderazgo adaptativo, lo cual es de suma importancia para cualquier organización que desea lograr sus objetivos y avanzar a nuevos retos; a través de estos vamos a comprender nuestra responsabilidad como líderes de equipo que somos, de traspasar nuevos niveles de conciencia para progresar y conectar las metas con valores y principios, y así podremos transformar no solo nuestra organización, sino también nuestra vida.

Una base fundamental como líderes de equipo que se están formando y para los que están en proceso es la confianza, pero ¿qué es la confianza? La firmeza de que las cosas sucedan por medio de la seguridad, acción, compromiso y fe persistente que alguien tiene respecto a otra persona. Sin embargo, para construir esa confianza se deben tomar en cuenta algunos pasos importantes para poder edificarla; la confianza se construye, no se obtiene de manera aleatoria. Veamos qué ambiente debemos propiciar para esto, es decir, garantizar un entorno de seguridad y una relación de apoyo para poder descubrir el crecimiento y la transformación de cada colaborador.

Las relaciones entre usted como líder de equipo y cualquier colaborador, independientemente del puesto, tendrán que contar con estas bases sólidas para que obtengan progreso ambas partes y dé resultados la organización. Por favor, no aplique los siguientes puntos:

- Interrogatorios, preguntas cerradas, cortas.
- Impaciencia para escuchar sugerencias.
- Ímpetu por hablar.
- Limitar al colaborador o cliente, si usted es vendedor.
- Insinuar juicio, cualquier juicio.

Los colaboradores requieren apoyo, colaboración, aceptación, confianza, respeto y mucha gratitud para mantenerse inspirados y dar los mejores resultados; recuerde que la motivación es muy buena, pero sólo dura máximo veinticuatro horas en la cabeza de cualquier persona. Una vez construida la confianza de parte de líder de equipo hacia cualquier colaborador aparecerán otros factores bastante difíciles de aplicar, los cuales con el tiempo tendrá que desarrollar para ganarse el respeto de todos, trabajando el pensamiento, ya que por sí solo este no es sinónimo de poder. Debe existir una energía multiplicadora, una intención sin esperar nada a cambio y una conciencia que nos deje caminar con honestidad. Pero los pensamientos positivos no darán resultados esperados si no los aplicamos de la mejor forma:

ENERGÍA. Es la fuente de todo lo que existe y se manifiesta a través de nuestras acciones en el presente, ya que nuestras decisiones nos mueven hacia la expresión del talento. Todo lo que hacemos siguiendo la inspiración de nuestra conciencia, permite que la energía fluya de la mejor manera.

Visión. Lo que invertimos en generar un futuro y proyectar aquello que realmente deseamos es para el bien común de todos en la organización; resulta el punto de enfoque que realmente necesitamos.

Conciencia. La habilidad que debemos desarrollar y tener cuando experimentamos vivir nuestra versión de vida personal y laboral, separada de todo lo que no cambia. Es la facultad que tenemos de darnos cuenta de experiencias y encontrarle un significado de diferentes formas.

Napoleón Hill decía: "Una meta es un sueño con fecha de entrega; si no le pones fecha a sus sueños, no podrás cumplirla por más que te esfuerces".

Antes de compartir lo que significa la escucha activa quiero que sepa que todo ser humano está rodeado de necesidades básicas, y las quiere hacer cumplir para una satisfacción muy personal, las cuales hace que mantenga un equilibrio mental y emocional a un alto grado. Estas son:

- Control.
- Amor.
- Importancia.
- Crecimiento.
- Contribución.

Descubra esto en cada líder de su organización y tendrá colaboradores satisfechos constantemente. Me llevó muchos años poder entender y aplicar en mi vida laboral y personal la escucha activa, ya que tenía patrones de conducta muy tradicionales por parte de mis padres, a los cuales les agradezco mucho el apoyo que me dieron hasta que empecé a madurar, como para empezar a entender la típica pregunta de nuestros padres: "¿Entendiste lo que te acabo de decir?", y contestamos que sí, pero cuando llegamos a la tienda nos preguntamos qué fue lo que nos dijo papá o mamá. ¿Nunca le pasó que sus padres le escribían una notita de lo que debía comprar?, bueno, eso pasa porque tenemos mucho ruido mental en nuestro cerebro y no prestamos atención a lo importante, simplemente decimos sí.

Será uno de los retos más difíciles durante la interacción con sus líderes de equipo y resto de colaboradores de su organización despegarse totalmente de sus juicios hacia ellos; será de mucha importancia sus no impresiones al escuchar y guiar a cada colaborador hacia su propio destino. Tenga la actitud de escuchar, contribuir y acompañar para lograr sus necesidades y los objetivos de la empresa. Su función como líder de equipo es mantener al colaborador enfocado en los objetivos de la empresa y en ser la mejor versión de sí mismo. Si vemos que las personas de la organización están pasando por un periodo difícil emocionalmente, también debemos observar por qué perdieron la pasión, alegría e inspiración. Cuando nos sentimos mal, perdemos energías y nos gana la pereza, la desilusión y entramos a un círculo negativo y vicioso, el cual nos llevará por mal camino.

Será importante mantenerse siempre firme y saber que los colaboradores tienen los recursos para salir adelante, conectando así con la fortaleza interna de las personas, en lugar de la proyección temporal de debilidad. Nuestro enfoque es el de receptor, ver la vida por los ojos de ellos. Sentirnos mal por los colaboradores que sufren no va a remediar nada. Para muchos ese espacio de emoción puede formar parte de su proceso de cambio. Sentirse mal por ellos no es necesario; recuerde que los seres humanos tenemos tres tipos de pensamientos limitantes muy arraigados, los cuales no nos permiten que avancemos de manera positiva. Veamos cuáles son:

- Creencia de no ser capaz de hacer las cosas.
- Creencia de no tener capacidad de hacer las cosas.
- Creencia de no merecer por lo que trabajamos.

Las creencias limitantes se adquieren desde la niñez, o más adelante, a través de opiniones de personas que suponemos una autoridad para nosotros o de experiencias, en estos casos, nuestros padres o maestros, y nos predisponen a dejar pasar oportunidades o a no tomar acciones para solucionar situaciones negativas. La sobreprotección es un tema bastante complicado, pero no vamos a indagar en eso en este momento. La crianza desde pequeño será lo más importante que hagamos con nuestros hijos. Cuando estamos ya en una etapa adulta, pasando de los veinte años, y sabemos que tenemos esas creencias debemos trabajar de la mejor manera con aquéllas, indagando, investigando y buscando entre nosotros mismos, empezando por detectar algunos síntomas que me han ayudado a lo largo del camino:

- Debemos ser flexibles; trabajar en ello.
- Lo que creemos que nos limita, ¿siempre es así?
- Imaginar siempre lo que hemos pensado, construido en la mente; lo que realmente deseamos.
- Descubrir la parte positiva de nuestras limitaciones.
- Saber cómo se originó esa creencia que nos limita en mente y cuerpo.
- Debemos ser muy conscientes y detectar por qué y para qué actuamos con esas creencias limitantes.

Las creencias limitantes se manifiestan en el estado de ánimo y nos condicionan. Por lo general, son acusaciones falsas que hacemos de nosotros mismos y que pueden derivar en resultados muy negativos, como paralizarse y dejar de producir ideas, pensamientos, no hacer el trabajo, dejar de estudiar, etcétera.

¿Cómo influyen las creencias en la vida de una persona? Suelen limitarnos. Tan importante son que dependemos de estas para lograr muchas cosas que nos proponemos. Si consideramos que tenemos la autoestima baja, no podremos hacer muchas cosas y una de ellas es poder dirigir un equipo de trabajo. La autoestima se encuentra entre conocer y creer, y vaya que es complicado. En una organización escribí en un mural un aviso que decía: "Nunca supongamos", suponer es dar por hecho algo sin molestarnos en buscar pruebas para apoyar otra explicación o razonamiento. Es alcanzar una explicación y, después, reforzarla con pensamientos y comentarios propios que la validan, sin saber nada de lo que decimos. Vaya complicación. El saber y el conocimiento son producto del cuestionamiento y de la búsqueda de explicaciones o razones detrás de las cosas. La creencia es una suposición, algo que pensamos que podría ser verdadero sin tener evidencia de esto, lo cual trae por consecuencia arruinar la vida laboral o personal de una persona u objetivos planteados en una organización. Cuando su declaración, cuyo énfasis es que está expresando su opinión solamente y no un hecho, se ha puesto a "correr", lo más probable es que se omita la parte en que dijo que no estaba seguro.

El miedo es algo natural en la vida de los seres humanos, digamos que si una persona le dice que no tiene miedo ni problemas, se está mintiendo a sí mismo y a los demás. El miedo es provocado por estímulos peligrosos que nos hacen temer por nuestras vidas. La ansiedad juega un papel muy importante sin embargo se produce ante una situación que se supone una amenaza para nuestros intereses y nuestra imagen social. Durante mi vida y experiencias que he tenido que pasar siempre ha existido el miedo, ya que sin este los seres humanos no podemos vivir. El miedo es el origen de las energías para incrementar el desempeño en cualquier actividad; encauzarlo de una forma adecuada será lo más difícil que pueda hacer como líder de equipo. Será trabajar y trabajar en sus pensamientos todos los días durante su vida; estoy seguro de que para trabajar los miedos debemos ponernos hábitos, estos van a llevarnos a lo positivo de su liderazgo y vida personal.

En mi carrera laboral y manejo de personal he ido desarrollando habilidades que me han permitido permanecer y poder entender por qué los seres humanos actuamos de forma que ni nosotros podemos explicarnos. Como *life coach* he descubierto cómo interpretar la realidad y en qué nivel de conciencia trabajan nuestro cerebro. Todos en esta vida pasamos por muchos retos, hemos tenido que enfrentar y sortear situaciones difíciles, fracasos de los cuales nos ha costado levantarnos y comenzar de nuevo para poder llegar a este día. Tenemos muchas batallas que las personas no saben o simplemente ven la punta del iceberg. Profundice siempre que haga una relación laboral; yo pienso que si paso más de cinco años con un compañero del campo laboral ya es mi amigo. Tendrá que evitar no emitir juicios sobre las personas con las que trabaja o convive; la escucha activa será dos veces más difícil que arrear gatos. Trabajar con ejecutivos de alto nivel es como arrear gatos. Recuerde esto: "Los cambios generan problemas. Los problemas generan soluciones. Las soluciones generan crecimiento".

Los *briefing*, reuniones, juntas, entrenamientos o solucionar situaciones todos los días será el 99 % de sus tareas diarias como líder de equipo. He tenido que aplicar el metamodelo, ya que los seres humanos solemos no poder confrontar las generalizaciones, distorsiones u omisiones de situaciones que van a suceder durante la gestión como líderes; con el metamodelo podremos percibir con más claridad cualquier situación y nos ayudará a crear una nueva idea que nos hará sentir con mucha más claridad.

OMISIÓN. ¿Qué se entiende por omisión? Abstención de hacer o decir algo, haber dejado de hacer algo necesario o conveniente en la ejecución de una tarea o por no haberla ejecutado simplemente. Se considera que es el resultado de la no acción.

DISTORSIONES. Son el hecho de negar los problemas, errores y dificultades en el trabajo y vida. Un ejemplo de este tipo de pensamiento irracional sería que una persona no admita que una situación adversa y difícil le está generando dolor, así como negar que le importa alguna situación y restarle importancia.

GENERALIZACIONES. Son descriptivas. Se elaboran a partir de características observables en los elementos que conforman un grupo. Por ejemplo: las personas mayores leen más que los jóvenes, pero ¿qué estudio certifica esto? Como líder de equipo no puede suponer ni generalizar cosas. Es muy típico que alguien afirme: "En esta empresa siempre ha sido así". Esto es lo más complicado que he conocido y escuchado de parte de un líder de equipo, indica que es mediocre por los cuatro lados.

En resumidas cuentas, integrantes de organizaciones que se conducen con estos tres elementos son víctimas, y toda víctima no tiene nada que decir, sólo ser la misma. Por lo general, estas son las frases que utilizan de manera constante: "Nadie colabora conmigo. Todo me sale mal. Soy lento. No puedo concentrarme. Está enojado conmigo. No sirvo para los números. No sé tratar a la gente. No soy capaz de hacer este trabajo. Me hacen hacer las cosas mal. Me ponen nervioso. Me siento mal. Estoy poco motivado. Me dicen mentiras. No me aguanta". Como líder de equipo no puede darse el lujo de tener esos pensamientos y mucho menos compartirlos con alguien; la función diaria y constante de un líder será convertir las situaciones negativas y complejas en algo muy sencillo, práctico y funcional para la organización. En pocas palabras, lo más dificultoso es lo que produce resultados, y eso es lo que debe hacer con mucha persistencia. Recuerde, usted es el capitán del barco. Los cambios se generan en automático; el progreso y el desarrollo toman mucho tiempo, ¿por qué?, porque el cambio no es una cuestión de habilidad, sino simplemente una cuestión de automotivación.

¿Cuál es el mayor cambio que está dispuesto a hacer hoy para salir adelante? Por lo general, nos han enseñado a que tenemos que pensar, crear, mantener y luchar mucho por un objetivo, lo cual parece bien y debe ser así todo el tiempo para poder llegar adonde queramos. En el capítulo anterior pudo observar una gráfica con edificios u obstáculos, como yo los llamo, los cuales vamos a tener que escalar para poder conquistar los objetivos planteados. Es de esperar que usted y yo hemos pasado gran parte de la vida estudiando, creciendo, buscando la forma de obtener conocimientos en personas, mentores, biografías de figuras con muchísimo éxito en su campo de trabajo, y de seguro estará pensando: "¿Para qué más conocimientos, ya lo sé todo?; no hace falta más nada en mi vida". Sin embargo, a pesar de que tenemos esos estudios solemos no alcanzar lo que nos propusimos, porque nos conformamos con un poco. Nuestros padres, familia y gente muy cercana a nosotros nos dicen desde pequeños: "Estudia, gradúate, para que seas alguien importante y consigas el triunfo". Y a pesar de eso no llegamos adonde queremos, seguimos caminando sin brújula y nos conformamos con una vida como la que tenemos, en vez de aplicar la disciplina y la constancia, lo cual se va a transformar en disciplina constante. Implica un esfuerzo humano diario, lo cual no es fácil. Mucha atención con el ego.

Formar un equipo de trabajo será una tarea no fácil y nunca podrá ser como usted lo desee, pues siempre habrá en estos muchos tipos de personalidades, con las cuales no estará de acuerdo, y querrá reemplazarlas a la brevedad. Le sugiero no lo haga, porque va a necesitar que el equipo completo no sea como usted, piense como usted y que todos hagan lo que usted hace; sería muy aburrido que fuera de esa manera. Cuando somos principiantes queremos tener gente de nuestro mismo temple y características. Realmente es un reto bastante grande formar un equipo exitoso de personas para lograr los objetivos planteados por la organización que representamos, o llegar a conseguir un triunfo en un deporte. Recuerde que no va a poder acertar con todos, así que deberá plantearse un poco estos puntos que le quiero compartir antes de reclutar a ese importante equipo:

- Investigue cuál es su *background* e historial de trabajo que ha tenido, para saber qué características tiene y cómo han sido sus triunfos, cuáles han sido esos logros tan importantes que esa persona pueda repetir y mejorar en la nueva organización.
- Qué interés posee ese solicitante que usted quiere llevar a su equipo de trabajo, qué está dispuesto a hacer para lograr en equipo los objetivos de la organización; eso demostrará que es un muy buen prospecto. Hablar cara a cara será de suma importancia, por aquello de que puede fingir lo que dice o la imagen. Cuidado con el "queremos ser", existen muchos ejecutivos y mandos medios impostores.
- Cómo reacciona ante las circunstancias adversas que ha tenido en sus labores anteriores; póngale unos casos reales de donde usted está en estos momentos para saber cuál va a hacer su carácter, interés y habilidades que tiene. Si la persona reacciona de manera negativa, será indicio de que usted no debe de ir más allá con ella; a eso le llamo reacción, y la reacción de alguien ilustra rápidamente su filosofía de vida. Las reacciones verdaderas van a venir muy pronto, y si hay grandes errores de filosofía y actitud, se va a notar.
- Tener resultados reales, tangibles, positivos de un individuo antes de llevarlo a su equipo será, como dije antes, un indicio, pero este positivo. Verifique los resultados, estos deben ser iguales a la calidad; puede conseguir a una persona muy agradable, carismática, habladora y atenta, pero si no va a la acción, no es candidato. Porque finalmente lo que se requiere de un colaborador es que dé resultados, y estos tienen dos partes sumamente importantes:

RESULTADOS DE ACTIVIDAD. Por ejemplo, si en su organización hacen zapatos, se le pregunta al señor Ricardo Vielma (nombre al azar) cuántos zapatos hace por día, y él contesta ocho, pero si el compromiso era de quince, ya hay un indicio de que algo anda mal. Sin embargo, usted le da otra semana para que él se vaya acoplando en la fabricación de los zapatos. No se puede organizar un equipo de trabajo con la falta de actividad precisa de una persona.

RESULTADOS DE PRODUCTIVIDAD. Esto quiere decir que si usted tiene como meta hacer cien pares de zapatos mensuales, debe hacer cien pares de zapatos mensuales; no tiene alternativa, ya que la prueba final de un equipo de calidad es la productividad, fruto, prueba, progreso mensurable en un tiempo razonable. Usted, como líder de equipo, tiene que aprender a medir los resultados, productividad y actividad. Sea muy sincero con lo que busca para la formación del equipo, no deje que aparezcan sorpresas, porque un líder de equipo no puede vivir pensando en tirar monedas al aire. Vaya paso a paso, porque si usted no se mueve, los demás no se van a mover; la vida está hecha para reaccionar al merecer, no al necesitar, entonces siembre semillas de gratitud y recogerá riqueza, porque esta vida no fue inventada para los necesitados, sino para los que siempre sembramos. Recuerde que la vida no va a responder a lo que necesitamos, sino a lo que merecemos por actividad, creencia, fe, acción, movimiento, así que una de las cosas que debe de dejar en claro cuando lleve a alguien a su equipo de trabajo es que se tiene que mover para poder tener resultados; y si usted aclara este punto, créame que aquél lo aceptará de muy buena manera.

Aprenda a trabajar con las personas que lo merecen, no con quienes lo necesitan, porque estamos hablando de la formación de equipo, de tener resultados, formar una empresa, y lo más importante será enseñar a merecerlo, a cómo dar esos pasos, actividad y dirección correcta. Sin pasos no hay una promesa, así que lo más importante que puede hacer por su equipo de trabajo es enseñarle a merecer las cosas. Para formar un equipo exitoso debe aprender a reconocer cuándo tiene a mucha gente que no está brindando resultados, pues en momentos de urgencia es posible reclutar a perdedores, lo cual no quiere decir que está mal, sino que es inevitable.

Por último, quiero compartir cómo saber vender una idea a nuestros colaboradores y superiores al realizar una presentación en público, o en radio o televisión. Las personas que dirigen equipos de trabajo hacen ventas de forma grupal o personal ante un grupo de posibles clientes, por lo que deben comunicar entusiasmo o influir ánimo a sus colegas, directivos, a su equipo y futuros clientes. Debemos sacar el mejor partido de nosotros mismos o de la situación, ya sea que se trate de convencer a un posible cliente durante la cena, un partido de golf o durante un vuelo; proyectar la imagen de su empresa como portavoz durante una comida de negocios o como líder de equipo en una reunión. Tratar de sobrevivir a la opinión pública, de llevar a cabo presentaciones comerciales, de vender lo que usted sabe vender. Usted deberá estudiar las técnicas de la presentación; de lo contrario, arruinará el negocio.

De seguro ya tiene sus propias técnicas, pero no podrá evadir las siguientes, que son cruciales, las cuales deberá practicar una y otra vez para tener resultados efectivos.

- Cómo nos presentamos nosotros mismos.
- Nuestro estilo.
- La expresión corporal.
- Nuestra apariencia.
- Dominar los nervios.
- Tener calma.
- Mucho tacto.
- Nuestra experiencia.
- Cómo tomar el reconocimiento de la audiencia.
- Maneje de la mejor manera el tiempo.
- Atención con las preguntas de la audiencia.
- Las interrupciones desconcentran; cuidado.

Todo su esfuerzo por leer este libro ha merecido la pena; lo felicito.

Vaya y forme su equipo y sea el líder que siempre ha querido ser.

Capítulo 13
La opinión de dos grandes líderes en estos tiempos

FANDOR OJEDA
Director de Recursos Humanos

¿Cuál es el factor que impide a los ejecutivos de una empresa no ser efectivos?

LA PROCASTINACIÓN

A lo largo de mi carrera he tenido la fortuna de conocer a ejecutivos de diversas disciplinas, formaciones académicas y experiencias en el ámbito laboral; entre estos puedo distinguir a unos en especial, que son aquellos que procrastinan.

Como líder siempre encontrará situaciones que lo retarán en el trabajo, una conversación difícil con su jefe, con un subordinado o cliente; o bien, puede tratarse de una tarea que le cuesta trabajo realizar o encuentra poco agradable. Estas situaciones algunos deciden postergarlas, con cualquier excusa, hasta llevarlas al límite de tiempo en que debieran ser entregadas, con lo que ocasionan estrés innecesario.

AUTOSABOTAJE

Por increíble que parezca, procrastinar es un acto de sabotaje a nosotros mismos; es esa vocecita que nos dice "primero un café", "sólo reviso Facebook y ya", "primero lo consulto…". Sin embargo, esa misma voz es la que nos recuerda que tenemos una obligación pendiente de realizar, y la misma que genera un sentido de culpa o vergüenza por no llevarla a cabo. Se trata, pues, de un juego en la mente que demuestra de manera directamente proporcional nuestro nivel de disciplina.

Disciplina contra la procrastinación

No todos los días nos encontramos "motivados al cien", y es normal, pues en ocasiones podemos sentirnos abrumados, de mal humor o tristes. En otras palabras, la motivación está intrínsecamente ligada a las emociones (que son temporales), mientras que la disciplina está impulsada por las razones que tenemos para llevarla a cabo (a mediano o largo plazo).

Tomemos, por ejemplo, una conversación difícil con un colaborador que tiene mucha influencia en el resto del equipo, pero varios clientes se han quejado de su pésima atención y el jefe exige que hable con él de inmediato.

Puede procrastinar con llevar a cabo dicha plática, porque quizás arme una revuelta con los demás (emocional/miedo), por lo cual decide postergarla con cualquier pretexto, o bien afrontar la situación recordando la razón por la cual debe realizarla (causa/efecto), concentrándose en llevar la conversación a los hechos.

Así, muchos ejecutivos procrastinan con pequeñas acciones que, al acumularse, se convierten en una enorme "bola de nieve", la cual termina por evidenciar su falta de efectividad al momento de rendir cuentas a sus superiores.

Mi lema es: "Si eres indisciplinado, eres esclavo de tus estados de ánimo, eres esclavo de tus pasiones".

* * *

Nadeska Gallardo Licháa
Docente-investigador UNISABANETA/Coaching and Organizational Development Director de DIVERGENCE

Cada líder y organización es un mundo particular, entender qué hacen, cómo lo hacen y por qué lo hacen ha sido un desafío en las últimas décadas, ya que el tiempo apremia y la productividad y rendimiento están a la orden del día. Para que un líder de equipos y organización se mantenga a flote con tantas circunstancias adversas debe tener un plan o una metodología, guiados y establecidos previamente. Establecer quiénes serán los responsables de las actividades es una función del liderazgo, y al constatar que gracias a la dinámica del rol del líder se puede avanzar o no en pro de los objetivos organizacionales, hace que se inicie un debate complejo en torno a sus funciones, que muchas veces resultan en un ser superdotado o a quien simplemente en una organización se le otorga el poder de decisión.

Trabajar con personas en las organizaciones es otro reto difícil e interesante para el líder, ya que los cambios y avances no ocurren solos. Por eso, quien lidere organizaciones debe estar dispuesto a asumir el reto de guiar a un equipo de trabajo, muchas veces elegido por él, otras veces impuesto, en algunas ocasiones preparado y otras no, por nombrar algunas de las circunstancias en que el ejercicio de liderazgo se mueve. Explicar el contexto exacto del liderazgo resulta imposible, tiene muchas vertientes y un tejido que lo hace único e interesante, por ello cada organización se vuelve un ente único; sin embargo, es posible observar características importantes de quien llamamos líder. Según diferentes autores y estudiados del tema, existen características comunes para nombrar a un sujeto como líder; no obstante, se observa que depende de los diferentes escenarios. Entonces, algunas características vitales del líder son: vivir en empatía con su equipo (seguidores), ser estructurado para las acciones a seguir planteándole la guía necesaria a su grupo, tener habilidades de comunicación, desarrollar la destreza para aceptar comentarios y sugerencias, mantenerse como una persona ejemplar (no hay nada que motive y enseñe mejor que el ejemplo), poseer inteligencia emocional, inteligencia intrapersonal e interpersonal, entre otros tantos factores determinantes a la hora de ser un líder.

Cuando se revisa la labor del liderazgo a profundidad, se evidencia la importancia para las organizaciones, donde la relación simbiótica entre organización y líder existe. Es así como los equipos de trabajo dentro de una organización necesitan un líder para avanzar en sus tareas cotidianas o en metas a largo plazo, y cómo un líder requiere apoyarse en su equipo para lograr lo que desea; es entonces cuando la integralidad de la relación dará resultados extraordinarios. Pensar en quiénes son cada uno de los actores de esta relación simbiótica hace reflexionar sobre la importancia de desarrollar las habilidades del liderazgo. Mucho se dice sobre si un líder nace o se hace, y definitivamente pueden ser ambas; ojalá naciera con cualidades maravillosas que lo hagan un líder innato y, a su vez, se ocupe de desarrollar las habilidades que lo conviertan en un excelente líder, pero es allí donde cada persona es compleja. Algunos deciden ser líderes y otros seguidores, dependiendo también del contexto, porque no se puede ser líder cien por ciento en todas las funciones, pero sí ser un líder con habilidades aceptables en su rol particular.

Sin embargo, en algunas organizaciones los líderes no tienen el rendimiento esperado. Lograr ser un excelente líder es una responsabilidad que recae sobre la misma persona, establecer qué los separa de ello es particular en cada caso. Por ejemplo, existen líderes con temor al éxito, y eso se refleja en sus decisiones, haciendo que sus seguidores no lo alcancen. Otro factor es la inseguridad, un líder que no trabaja en su autoestima, en su persona, que no cree en él mismo, no proyecta eso a su equipo, y por ende no recibe reconocimiento de este.

Convertirse en un líder de alto rendimiento es tomarse el tiempo de hacer un proceso de autorreflexión, revisando sus oportunidades de mejora, adaptándose a las circunstancias de la organización y de su equipo; sin embargo, este ejercicio no es fácil, se necesita de un nivel de conciencia por parte del líder para trabajar en él mismo, logrando validación de su equipo, además acompañado de acciones y resultados positivos. Entonces, el enemigo del propio líder es él mismo. Si su ego, entendido como la valoración excesiva de su comportamiento, no lo deja ver sus errores o barreras, el avance que pueda tener a veces es mínimo o nulo. Convertirse en un líder con resultados extraordinarios depende del aprendizaje que quiera adquirir la persona, además de su equipo de trabajo; por eso se menciona la importancia de saber aceptar sugerencias de su equipo, porque serán los integrantes de este quienes validen sus acciones, acompañado de los resultados.

Las organizaciones necesitan un líder, y este necesita de su equipo de trabajo; así es como las decisiones que se tomen son vitales en ambas partes. Desarrollar la capacidad de elegir y decidir por parte del líder hará que se obtengan resultados cónsonos a lo solicitado por la organización y por lo esperado por su equipo de trabajo.

Capítulo 14
Reflexión final

Hemos vivido con situaciones y oportunidades fuertes, que plantean toda clase de desafíos, pero también dan derecho a toda confianza con la condición de que nos detengamos a pensar, de vez en cuando, a reflexionar al margen de la hiperactividad que nos rodea, tantas veces carente de sentido.

Ante la complejidad de nuestro tiempo y la incertidumbre del mañana, destaca la urgencia de un cambio de rumbo, de estilo de vida, de ser posible a lo largo de esta misma década. Porque para que usted pueda ser protagonista de su extraordinaria aventura e historia no basta con ser uno más entre los cada vez más numerosos habitantes de este planeta. Lo que se precisa urgentemente es recabar, en cambio, su dignidad y calidad hecha cultura gracias a la educación y el aprendizaje de las más diversas cualidades y capacidades. Por tanto, la principal situación actual reside, sobre todo, en nosotros mismos, en restablecer el equilibrio interior y en fecundar nuestro respectivo y pequeño rincón del universo gracias al aprovechamiento del aprendizaje continuo.

Esto tiene que ver con los cambios que han pasado en los últimos veinte años, en los cuales debemos meternos de lleno para estar a la vanguardia y poder ejecutar un liderazgo como se debe. El objetivo de escribir este libro es que usted pueda llegar adonde tenga que llegar por medio de esta guía y que no se deje engañar por tanta piratería gratis que existe actualmente. Haga lo que tenga que hacer, pague el precio que se requiera, porque nada vendrá por sí solo; necesita moverse.

Este libro es irreemplazable, porque cada obra es una nueva esperanza de vida para alguien que está empezando, va en camino o ya llegó al liderazgo que se propuso.

Referencias bibliográficas

Seis sigmas para directivos the Mcgraw, Editorial MC Graw Hill 2004.

Poder sin límites, Anthony Robbins, Penguin Radom House grupo Editorial SA de CV.

Cómo crear equipos de trabajo, Blair singer, Editorial Aguilar 2012.

Nos vemos en la cumbre zig ziglar, Pelican Publishing Company 1982.

Robin Sharma el Club de las cinco de la mañana, Penguin Radom House grupo Editorial SA de CV 2021.

https://www.procyclingstats.com/team/discovery-channel visitado 2021.

https://www.newyorker.com/magazine/2002/07/15/the-long-ride visitado 2021.

Las cinco claves del éxito en un hotel, una visión de finanzas y negocios, Porrúa Print 2020. Lic. Luis Manuel Rivera García.

La Magia de las finanzas en la Hotelería, Porrúa Print 2014. Lic. Luis Manuel Rivera García.

www.ingramcontent.com/pod-product-compliance
Lightning Source LLC
LaVergne TN
LVHW051216070526
838200LV00063B/4921